U0556218

营销裂变兵法

小品牌快速成长之道

周何斌◎著

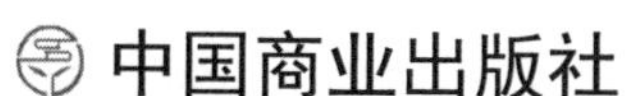

中国商业出版社

图书在版编目（CIP）数据

营销裂变兵法：小品牌快速成长之道 / 周甸斌著
. -- 北京 : 中国商业出版社, 2023.10
ISBN 978-7-5208-2647-1

Ⅰ. ①营… Ⅱ. ①周… Ⅲ. ①品牌营销 Ⅳ. ①F713.3

中国国家版本馆CIP数据核字(2023)第186264号

责任编辑：郑　静
（策划编辑：刘万庆）

中国商业出版社出版发行
（www.zgsycb.com 100053 北京广安门内报国寺 1 号）
总编室：010-63180647　编辑室：010-83118925
发行部：010-83120835/8286
新华书店经销
香河县宏润印刷有限公司印刷
*
710 毫米 ×1000 毫米　16 开　13.5 印张　150 千字
2023 年 10 月第 1 版　2023 年 10 月第 1 次印刷
定价：68.00 元
* * * *

/ 序 /

在移动互联网时代，“流量”已经成为各行各业都绕不开的话题，甚至可以说，流量是一切营销的基础，而“流量”的创造离不开裂变。在同质化、海量产品竞争的大环境下，小企业营销离不开选择赛道、打造品牌、赢得粉丝从而带来流量。而实现这一切只是营销的起点，裂变才是关键。卖产品、做服务离不开营销裂变，在碎片化时间占据了消费者大量注意力的当下，流量的成本越来越高。怎样把普通产品卖成爆品，怎样通过裂变带来流量，是企业和营销人员需要思考的问题。

裂变，就是让客户告诉客户，让客户带来客户，让客户成交客户。在产品过剩、流量稀缺的时代，谁能低成本解决流量问题，谁就能把生意做好，而低成本解决流量问题的核心是裂变。

从事营销培训多年，我见证和帮助了不少品牌与规模企业，经过全新的营销裂变模式，使它们成为营销黑马，迅速实现资产增值，甚至一些传统小企业，因为学会了营销裂变也成了互联网环境裂变营销精英团队。

在这个流量为王、裂变为赢的时代，谁学会了裂变，谁就能拥有流量，谁就能快速获得利润、提升商业价值。

在目前比较低的客单价及低购买率的背景下，一对一的营销模式不但低效，而且面临失效。在互联网时代，没有流量入口，产品就会像孤岛一样，没有机会被用户看到。但是如果有了流量而不会裂变，就等于把流量白白浪费而没有发挥更好的营销效应。当下低成本获得流量的核心秘密就是裂变。在快鱼吃慢鱼的时代，掌握了用户裂变增长法则，做营销才会变得游刃有余，也会更加节约成本。所以，如何拓展核心用户，如何让核心用户实现规模化增长，是营销团队必须要学习的。

本书是我从事营销商业实战多年经验的总结，希望能够帮助企业实现裂变，降低获客成本。本书有丰富翔实的案例，具体有效的实操方法，可以帮助读者解决流量时代的营销难题，更高效地获取精准有效的流量，产生持续性裂变，轻轻松松引爆市场。

/ 目 录 /

第二部分　营销裂变：从认知、转化到增长

第一部分
认知：营销裂变的迭代升级

第一章　营销裂变的新模式

营销新打法：强品牌 + 新逻辑

营销离不开产品，籍籍无名的产品要想被人认可和熟知，就离不开营销。而产品营销最关键的便是打造产品品牌，品牌是消费者对产品的一切感受的总和，它体现了消费者的情绪、认知、态度及行为。因此打造强品牌，是进行产品营销的一项主要内容。除此之外，在当今互联网经济环境下，赋予与互联网经济相关的新的营销逻辑，也是实现营销裂变的一项必不可少的内容。因此，营销不仅是把普通的产品卖出去这么简单，而是借助强大的品牌力量然后加上新的营销逻辑，组合成为“强品牌 + 新逻辑”的新营销打法。

一个企业与品牌的创新求变，最终需要传导到终端市场。“全面质变”，需内聚智慧，外拓想象力，营销之变即在其中。

如今，各行各业的营销都在追求一个“新”字，关联新趋势、新零售、新场景、新产品、新渠道等变化。新营销要围绕主动营销、数字营销、文化营销等多个方面进行，尤其是数字营销和文化营销。

以茅台酒营销为例。茅台凭借其自身强大的品牌优势和新的营销手法，实现了跨越转型加速发展的目的，占据了国内 25% 以上的市场份额，奠定了行业领军地位。茅台作为一个强大的酒企品牌，有哪些新的营销手法值得借鉴和学习呢？

1. 准确把握目标消费群体进行文化营销

茅台主打高端和商务主旋律，通过各种手段扩大产品知名度，比如在各省全年开展各类活动，实现超百万人次的参与，聚集粉丝文化，打造“茅粉节”“24 节气”文化名片，“茅粉嘉年华”“茅台王子·明亮少年”等营销活动，加深消费者对品牌的印象。市场营销和品牌竞争的实践证明，品牌的文化内涵是提升品牌附加值和产品竞争力的原动力，是企业的一笔巨大财富。品牌文化是企业有意识地创造的属于自身品牌的独特个性，是拉近企业与顾客关系的手段；而消费者的精神需要是品牌文化的来源，是品牌文化存在的意义。

2. 积极尝试数实融合，打造数字营销平台

2022 年 3 月 31 日，“i 茅台”App 上线试运行。作为自营电商平台，“i 茅台”改变了茅台过往传统的服务模式，以数字融合加直面消费者的方式推进营销体系改革。茅台发布的年报显示，App 首日上线试运行就吸引了数百万人的眼光，当天登顶苹果 App Store 免费榜第一，19 天用户数突破 1000 万，成为小程序类现象级产品。“i 茅台”数字营销平台链接了超过 2000 家线下门店，为其提供库存、配送、结算、客服等配套运营服务和技术保障支持，显著提升了门店的承载和服务能力。同时，运用区

块链技术，“i 茅台”平台还构建了“一物一码”流通溯源平台和全国一体的仓配网络，能够在包装生产、仓储、物流等全部流通过程中实现完整溯源①。

3. 把握属于自身的营销特点

茅台酒之所以成功，有 3 个特点：一是与同类品牌建立良性的合作和竞争关系。营销一定会与其他同类品牌形成竞争，但茅台的营销特点是与其他品牌建立合作，将整个市场的容量不断扩大，又通过合作将自己的市场份额不断增加。二是准确把握自己的消费群体，商务和高端主旋律不变。三是实现差异化广告营销。品牌的生命力来自与众不同，所以强大的营销品牌都走差异化路线，无论是广告宣传还是营销策略，都重在打造产品的独特之处。

4. 知识营销

在“i 茅台”App 上，玩家们完成任务后可获得茅台酒兑换券奖励，通过限量款吸引玩家，玩家获得相应积分，以获得原价购买限量酒的资格。比如限量酒推出“立春酒”“生肖酒”“水立方”“五十六个民族酒”等，既有文化内涵，又使酒具备了稀缺和收藏价值。在深挖品牌价值的同时，用文创活化品牌，来打开更细分的品类市场。

5. 氛围营销

氛围营销，本质上是体验营销的分支，是通过场景布置、体验流程等游离于交易之外的体验活动，来一步步引导消费者、参与者作出消费行为

① 人民网：“i 茅台”以数字融合加直面消费者的方式推进营销体系改革。茅台时空，2023-03-31。

的一种营销方式。用户为氛围消费的原因，除产品本身的价值外，关键在于在特殊的环境、氛围下对产品产生的冲动。如何创造这种冲动，打开消费开关，才是氛围营销的底层逻辑。而茅台酒打造的沉浸式营销就是这种营销逻辑。茅台酒专卖店，以高品质健康酒为媒介，打造文化营销新场景，让消费者沉浸式体验茅台的文化魅力。营造的氛围包括形象墙、文化墙、产品橱窗、智能酒柜等，开辟了美学营销新路。

跨界借力是营销的重要课题

跨界已成为一种全新的体验和趋势，它没有边界，无所不在。传统营销想要转型和突破自身的局限，必须依靠跨界借力。互联网、移动互联网带来的跨界浪潮正以前所未有之势颠覆传统行业，可以肯定，未来几乎所有的产业都将互联网化，而跨界在其中起着至关重要的作用，跨界的发展和延伸必然会打破几乎所有的行业壁垒和边界。

跨界营销可以通过两个品牌间的相互融合，为品牌带来“1+1>2”的营销效果，无论是品牌方还是平台方，都在跨界营销方面作出了积极尝试。

这几年跨界联名越来越火，各大品牌都尝试跨界，并出现了让消费者耳目一新的组合。品牌企业一直尝试在不同领域颠覆年青一代心中对品牌的固有印象。为了能够吸引年轻消费者，品牌在跨界营销上不断大胆创新，试图让消费者看到品牌的多面性，同时赋予品牌创新营销的可能性。

一般跨界有多种形式，常见的有两种，分别是同等级品牌跨界和捆绑式促销跨界。同等级品牌跨界是两个在不同领域同样有名的品牌跨界合作，共同进行品牌推广和宣传，丰富购物体验的同时，增强品牌对消费者的吸引力，利用双方消费者的忠诚度提高销售机会，强化品牌影响力。捆绑式促销跨界能让合作的企业将各自的产品形成一个整体面向客户销售，从而提升整体价值、降低销售价格，达到提高销量的目的。例如，喜茶和藤原浩跨界，双方以闪电黑色为核心元素启发灵感，推出了藤原浩特别款黑色特调饮品“酷黑莓桑”、联名杯、随行杯以及艺术杯等限量周边，并同时在多个城市推出跨界“黑 TEA”主题店，合作演绎黑色灵感，为潮流艺术爱好者带来了一次集合街头潮流文化与当代茶文化的绝佳体验。再比如，瑞幸咖啡和椰树品牌跨界，推出“椰云拿铁”，上市头天就卖出 66 万杯，联名当天，两大品牌的微信指数暴涨 1200% 和 4000%，关注度得到了迅猛增长。此外还有同仁堂药店卖“枸杞拿铁”“罗汉果美式”“益母草玫瑰拿铁”，茅台联合蒙牛推出“茅台冰淇淋”，泸州老窖卖香水，等等，这样的跨界可谓比比皆是。

跨界发展作为一种商业行为，其本质就是追求业绩增长，其是一种创新营销的思维模式，需要跳出营销的固有思维，抛开行业的局限，利用自身优势，找到与自己行业品牌相匹配的产品，组合在一起形成最大的盈利点。

营销裂变的新模式绝对少不了跨界组合，尤其年轻消费群体成为市场消费主力，因此在营销的过程中，如果太拘泥于方法论和理性思维，往往无法吸引年轻消费者的注意力。年轻人喜欢的品牌首先非常重要的一点就是一定要好玩、有意思，让他们感觉到有趣，哪怕不符合逻辑。做品牌营销裂变，始终要考虑年轻群体凭什么喜欢你，凭什么购买。例如 RIO 和 HERO 英雄联合天猫国潮跨界实验室推出“墨水鸡尾酒”，趣味卖点满足了年青一代的猎奇心理，最后实现了“病毒式”裂变传播。

当然，跨界需要具备两个条件：一个是具有共性的目标消费者，另一个是品牌特质的一致性。品牌的角色感可以把品牌消费群体对文化、利益等方面的追求进行统一整合，从而产生聚合效应。可以说，跨界营销是一种将人类的共同情感价值连接到品牌上的有效模式，它将催化出更大的市场空间。

随着数字经济的发展，元宇宙和虚拟技术不断升级，未来新的营销手段，必离不开跨界和虚实融合。未来的跨界既可以是品牌与品牌之间的跨界，也可能是虚拟空间与实体空间的跨界，是数字经济和实体经济的组合。打造品牌虚拟空间，触达更多的年轻用户，提高用户的参与度、沉浸感和体验感，将是品牌营销发展的趋势。

营销商业进入生态4.0模式

随着经济发展，营销理念和营销手段也在不断更新迭代。经过了以产品为驱动的营销 1.0 模式、以客户为驱动的营销 2.0 模式、以价值为驱动的营销 3.0 模式的转变，目前在互联网和移动互联网、数字经济背景下，营销商业已进入需要反映人的价值观的产品、服务和企业文化生态的 4.0

模式。

以产品为驱动的营销 1.0 模式，解决企业和品牌的“交易”问题，主打产品功能和差异化卖点，帮助企业如何更好地把产品卖出去。工业革命阶段，销售产品是企业的目标，企业看待市场的方式是大众的基本要求，主要营销概念停留在产品开发上，与消费者的互动情况是“一对多”式交易。企业所看重的产品价值是功能性。

以客户为驱动的营销 2.0 模式，属于信息技术时代，战略导向开始从产品向消费者转变，开始了目标消费者定位，营销要满足并维护消费者。企业看待市场的方式是有思想和选择能力的特定消费者。营销概念开始追求产品“差异化”，与消费者的互动情况也开始了“一对一”的联系。企业看重产品的价值是功能性和情感化。

以价值为驱动的营销 3.0 模式，新浪潮科技成为营销推动力，企业看待市场的方式是具有独立思想、心灵和精神的完整个体，产品的价值主张是功能性、情感化和精神化，与消费者互动的情况成了“多对多”的合作模式。营销 3.0 模式是把客户从当作“猎物”的状态还原成“丰富的人”，更加重视消费者的情感与精神的需求。

目前新业态、新经济大力发展，营销已经开始向 4.0 生态模式转变。营销 4.0 以大数据、社群、价值观营销为基础，营销的重心转移到了如何与消费者积极互动、尊重消费者作为“主体”的价值观，让消费者更多地参与到营销价值的创造中来。不但要卖产品，卖服务，更要让消费者参与进来实现共创、共享。消费者和客户是企业参与的主体，主要营销概念是借助社群、大数据，打造共同体和生态圈，是网络参与和整合，是点对点的交易。在数字化连接时代，洞察与满足这些连接点所代表的需求，帮助客户实现自我价值，就是营销4.0所需要面对和解决的问题，它是以价值观、连接、大数据、社区、新一代分析技术为基础形成的。所以，营销4.0模式也可以称为数字营销生态圈。

数字营销赋予企业以更高效、更规模化、更具可复制性增长的可能性，是营销领域未来发展的大趋势。

麦肯锡说Digital（数字）始终喜欢与Disruption（颠覆）结合在一起，数字营销同样也应该是Marketing Disruption（市场营销创新），甚至是Business Disruption（商业模式创新）。任何品牌都可以借由数字技术打造属于自己品牌的数字营销模式。

1. 通过自主研发、协同开发、联合打造等建立自有线上平台

通过线上引流+线下布局，实现线上和线下联合互补，可以在线上获得消费数据，实现线上申购、线下提货，这样可以改变原有线下布局密集而线上网络欠发达的局限，并能够借线上线下共同引流强化品牌对消费者的影响力。

2. 通过强大的品牌力量维持数字平台的生命力

无论是苹果还是小米品牌，它们之所以能够实现持续性营销，是因为能够全方位满足消费者高性价比和多元的需求。只要消费者对品牌有需求，就能为平台的长期运行提供源源不断的动能。

3. 让品牌进行商业版图跨界

无论卖什么，都要避免产品品类的单一化。以苹果为例，其不但卖手机，还有电脑、平板、MP3等。作为品牌，无论是实业还是互联网企业，

只有通过扩大品类、联合外部力量，才能与更多消费者产生连接，从而俘获更多消费者。挖掘消费需求并促进销售的达成是营销的本质，数字只是达成这一结果的手段。数字营销就是多渠道、多触点去触达客户，将原子的物理世界复刻到线上的、虚拟的世界里，复刻成数字化的东西，再宣传出去。

营销 4.0 模式，是一种生态型的营销模式，需要三个认知升级：一是场景比洗脑更重要。企业跟消费者之间的互动方式需要从之前粗暴式、教育式的广告转变为场景化的搭建，让消费者能够直接看到使用场景，比让消费者想象更加直接有效。场景会让品牌更接地气，从而和消费者产生共鸣。二是为顾客创造需求的核心点和切入点，也就是创造内容。以内容作为核心的载体，去触达目标用户，需要在不同的营销平台制造一个目标用户的穹顶，产生穹顶效应，多维度、多角度地去覆盖目标用户。三是基于大数据下的消费者的深度洞察，来做企业的反向定位，需要通过整个数据的反馈，反哺给品牌的研发端，从而形成数字闭环。做好以上三点，才能够真正意义上在营销 4.0 时代做好品牌营销。

打造直销、分销、电商S2B2C全渠道

什么是 S2B2C 模式呢？ S2B2C 是一种集合供货商赋能于渠道商并共同服务于顾客的全新电子商务营销模式。S2B2C 中，S 指大供货商，B 指渠道商，C 为顾客也是采购商。S2B2C 的运营模式是将社会渠道、电商渠

道、自营渠道进行有机整合，形成一种创新的商业模式，这个模式比传统的 B2B 或者 B2C 模式要复杂。但是由于互联网技术的进步，这样一种比以前更复杂的模式有了实际运转的可能性，而且，更重要的是，这个模式能够带来比传统模式大得多的价值创新，这才是 S2B2C 模式的意义所在，也是它的未来所在。

S2B2C 模式最重要的点是线上和线下的联通，从而实现整个产业的流通再造和产业重塑。让产业的发展有新技术、新模式的支撑，最终实现对行业全流程的线上和线下的深度改造。S 端、B 端、C 端三者深度协作，一起探讨商品服务、营销，能够更加方便地满足市场需求。品牌需要从根本上优化自己的运营模式，重构整个商业逻辑。通过这种商业模式，供应商可以将产品销售给更多的品牌商，品牌商则可以将更多的产品销售给消费者，实现供应链的高效流转和资源的最大化利用。对于消费者而言，S2B2C 模式也提供了更多的选择和更好的购物体验。

S2B2C 模式的重点是，S（大供货商）整合上游优质供应商，提供给 B（渠道商）各种技术、数据支持，然后辅助渠道商完成对 C（顾客）的服务，而渠道商在其中的作用则是一对一沟通顾客，发现需求并定制需求，同时将这些信息反馈给 S（大供货商），以便落实顾客所需的服务。

有一些使用 S2B2C 模式的案例，可以更好地了解这种商业模式。例如，聚美优品作为个人护理品电商公司，建立了自己的供应链、物流和技术支持服务，通过与品牌合作，将产品直接提供给消费者，使消费者能够享受到更好的购物体验，同时还提供美容顾问帮助消费者做出购买决策。例如提供房产信息和中介服务的贝壳找房，通过与房产中介机构合作，将房源信息提供给消费者，同时建立起自己的供应链系统，并提供物流、供应链管理和技术支持等服务，帮助消费者找到心仪的房产。此外还提供房屋贷款等增值服务，帮助消费者解决购买房产时资金不足的问题。再例如，茅台打造的“i 茅台”，采用的也是线上线下相融合的商业模式，从而打造出了独特的营销体系。通过数字平台，茅台作为生产供应商将酱香系列和飞天系列的众多酒品聚合到线上，自身就是 S（大供货商），又通过线下 1300 多家直营店和经销商支持配送，打通了 B 端，从线上到线下，全面覆盖用户 C 端。在全国各地拓展自提点和旗舰店等 B 端服务网络，逐渐形成了标准配送、自提、3 小时即时达，从而完善了 S2B2C 的商业模式。

没有采取 S2B2C 商业模式之前，茅台是通过直营店、分销商和电商平台将产品卖给消费者，其中电商平台是自己配送跟茅台实体店没有关联，这样的模式给消费者带来的体验不如 S2B2C 商业模式。相信在未来，这种凝聚了直销、分销、电商平台的 S2B2C 模式会成为品牌营销方积极效仿和使用的一种模式。

S2B2C 模式无论从门店受益、区域热度还是时间成本等方面，都起到了积极的影响。企业电商数字平台是可以和实体店相互影响的，也可以倒逼经销商门店不断升级服务能力，与消费者建立更好的连接，带给消费者更舒心的服务。在数字经济时代背景下，这种营销模式将会成为趋势。

未来的营销解决的不是线性问题，而是网状协同，而对协同网络的全局动态优化，可以实时产生按需定制的供应链，来满足任何一个节点当时的个性化的需求。在未来的网络经济时代，一个最核心的改变就是供应链从工业时代的线性逐渐向网状过渡，而 S2B2C 顺应时代环境，能够为构建协同网络打造平台基础，因此是未来营销模式的主流。

品牌要打造品牌营销

品牌营销离不开创新，创新已成为品牌发展的主要动力和关键特征。著名经济学家熊彼特认为，创新是研制或引进新产品，是运用新技术，是开辟新市场，是采用新原料或原材料的新供给，是建立新的组织形式。品牌对现有营销技术和方法、思路进行创新，其结果是能够较大幅度地提升产品知名度或创造全新营销模式，有可能带来市场及企业所处行业格局的变化。

企业对现有产品、服务进行创新，较大幅度提升产品性能或推出全新的产品，以满足客户现有需求或潜在需求的一种创新，带来的最直接的效果是客户会被新产品吸引并想要了解与新产品有关的性能，进而接受新产品并对新产品产生购买意愿。

品牌打造 IP 就是创新的一种。IP 就像品牌的 Logo 一样能给消费者带来最直观的品牌感受，但它的特别之处就是能更有创意、更有文化地输出品牌价值观。消费会被 IP 所携带的强大魅力所吸引，从而喜欢你的品牌。IP 对品牌来说是可持续输出的，不仅可以是品牌故事的载体，还可以是无负面影响的品牌代言人，同时更重要的是 IP 能够持续性地为品牌营销和做宣传，大大降低品牌的宣传、营销成本。IP 不仅能带动原品牌产品的销售还能衍生品牌周边产品，为品牌开辟出一条新的盈利渠道。

IP 是给品牌形象加了更多元素，这些元素可以是文化也可以是创意创新，如此才能符合消费者的需求。福特汽车创始人亨利 · 福特曾经说："如果你去问顾问他们想要什么，他们只会说自己想要一匹更快的马。"而如果你具备洞察顾客需求的慧眼，那么你就会发现顾客所说的"更快的马"并不是真正的顾客需求，真正的顾客需求是"更快的交通方式"，即消费升级，消费者精神需求提高，单纯靠卖产品已经难以吸引和满足喜欢新鲜感和新奇感的年轻消费者了。未来，品牌与 IP 结合，诸如与时尚文化等相结合将是大势所趋。

以"蜜雪冰城"为例，2021 年，"蜜雪冰城"在其各阵地官方账号上陆续发布了宣传歌曲 MV，因为魔性的洗脑旋律和简单的歌词，以及可爱的"雪王"IP 而迅速获得关注，并在随后的时间内，于各大社交媒体持续发酵。"蜜雪冰城"的 IP 定位是大众消费人群，核心的消费人群是学生党和职场新人，消费能力弱但消费欲望高。IP 的设计思路是在雪人的基本形象上进行创作，给雪王戴上王冠，披上红披风，手拿雪糕形状的权杖，增加雪王记忆点，点题"蜜雪冰城"品牌的品类。IP 雪王形象由于接地气，激发了大众的情感共鸣，让大家一下子就记住了这个形象。雪王除了以可爱颜值圈粉外，还通过花式互动让消费场景变得更加有趣，延长了消费者和品牌的接触时间。雪王这个 IP 不仅使得"蜜雪冰城"自家奶茶卖出了圈，同时还推出了一系列文创周边产品，如"吨吨桶"水瓶、"冷泡茶"等，月销量都实现了"10 万 +"件。雪王 IP 一战成名后又带动了销量和门店数量的增加，其中门店在三个月内新开了将近 2000 家，总数量超过两万家。

总的来说，品牌 IP 营销能实现以下四个方面的价值：

1. 流量价值

IP 最大的价值是自带流量，利用私域里的粉丝，有计划地输出内容，定向营销，通过累积和经营逐渐将粉丝转化为价值。

2. 情感价值

粉丝会因为传播内容有共鸣，而对品牌产生更深的信任，之后才会产生更深入的连接。

3. 内容价值

输出的内容也是 IP 的价值载体，通过内容输出为 IP 背书，内容也可以反映为个人 IP 的价值观。

4. 联动价值

品牌跨界联名已成为营销常用的合作手段，品牌联名通常需要在理念上找到契合点，IP 则能够提供更多联动的机会，通过 IP 间互动，往往能碰撞出更多精彩的火花。

换个角度思考，IP 就是“品牌”这一概念的升级，因为品牌打造的过程就是品牌个性、品牌视觉、品牌语言和品牌动作的塑造过程，通过这一系列的动作让品牌和用户建立起多维度的关系和印象并产生互动。而 IP 便是将以上特征更生动化地用有生命力的方式角色化，从而更容易与用户建立联系并产生互动，增进感情。

随着品牌的重要性被普及，越来越多的企业开始尝试打造 IP，借此让自身品牌更具辨识度和吸引力，在产品同质化严重的市场上脱颖而出。这也是新营销必须要掌握的手段和方法。

品牌营销裂变的“五合营销法”

时代在变化，经济模式也在不断迭代升级，从农业经济、工业经济向数字经济升级，单一的营销模式已经无法满足市场需求，也无法更好地触达消费者。品牌营销想要实现裂变效应，需要新的营销思维和营销模式。多维度进行营销布局，品牌才能在风起云涌、变幻莫测的市场中崭露头角。目前有一种新的营销模式，被称为“五合营销法”，分别是资源整合、数字融合、文化相合、品牌聚合和管服结合。

1. 资源整合营销法

整合营销可以是品类的管理，也可以是自营、社会渠道平台、总经销的整合，通过整合行业、企业、圈层精准定位客户，实现多维度、高效化的营销。当今时代，靠企业自身单打独斗，力量十分有限，企业必须通过多种营销手段，整合各方面资源，才能实现利益最大化。现在是商品过剩的时代，你没有的东西别人那里都会有，所以就需要整合资源。整合资源能力的大小，决定了企业的发展空间。整合营销不仅是一种品牌传播解决方案，更是改变消费者购买习惯和占领消费者心智高地的战略选择。它需要营销人以消费者为中心，并根据品牌核心价值有序开展营销活动。比如，蒙牛企业整合工厂，整合政府农村扶贫工程，整合农村信用社资金。没运输车，整合个体户投资买车；没宿舍，整合政府出地、银行出钱、员工分期贷款。这样，农民通过信用社贷款买牛，蒙牛用品牌担保农民生产出的牛奶包销，蒙牛一分钱没花，整个北方地区300万农民都在为蒙牛养牛。蒙牛通过与《12道锋味》进行战略合作，实现了在浙江卫视、央视、“100+”县城电视台等投放TVC广告；在爱奇艺、优酷、搜狐等平台投放网络广告；在北上广深四城中高端餐厅包厢投放荧屏广告；在全国40余座城市楼宇投放LCD户外广告，实现了营销整合。

2. 数字融合营销法

消费者不再是营销的被动接收器，而是通过技术、服务和品牌紧密联系在一起。我们在跨越了大数据的认知阶段之后，需要企业营销管理者去思考如何通过科技手段传达品牌信息。实施数字营销方法的目的就是构建和完善数字化营销平台，为品牌市场营销注入新动能。品牌依托数字化媒体、智能计算和网络，对营销的每一个环节都进行数字化升级，实现精准营销及闭环营销。当下，数字化营销越发被寄予厚望，各方均在加大数字化营销的投入，同时数字化媒体流量的成本也在逐步变高，在此基础上能够触及客户的流量和渠道都在高度碎片化，因此建设一个高效智能、投入产出比高的营销平台对于企业品牌而言尤为重要。

3. 文化相合营销法

文化对于营销的作用已经越来越重要和普遍，通过文创带来的品牌升级和影响力的扩大，已成为普遍现象。各类品牌都在进行文化营销，比如戴比斯钻石告诉我们：人生有价，爱情无价，钻石可以使你的爱情永流传；麦当劳告诉我们：尝尝麦当劳，常常欢乐；人头马告诉我们：人头马一开，好事自然来！文化的影响让消费者不知不觉相信，某一种品位或感觉只有某一种商品才具有。对于文化的认同，使消费者潜移默化地接受了企业的营销行为，从而毫无抗拒地接受了企业的产品，这就是文化营销的魅力。品牌坚持文化聚能，通过做精文化产品，搭建文化平台，营造文化场景，丰富文化活动，切实把品牌的文化势能转化为发展效能。例如，盒马和中国美术馆文创中心进行合作，打造了“齐白石墨韵月饼”，传达的品牌文化是“舌尖上的水墨丹青”。通过造型、馅料、包装，与IP深度联结。如联系齐白石画虾，推出芥末大虾等奇特月饼口味。盒马持续建设自营品牌，近年已推出多个苏式月饼爆款联名，打造“年轻有活力，懂吃懂生活”的形象。

4. 品牌聚合营销法

营销需要一些噱头，但大道至简，唯有回到底层逻辑，建立企业自身团队内部的能力体系，才能真正降本增效，实现品牌基业长青。例如，茅台酒业围绕构建“价格匹配、层次清晰、梯度合理”的品牌体系，聚焦培育大单品和文化精品，不断优化产品结构，巩固增强茅台酒品牌优势，打好“茅台酱香股份出品”和“茅台家族集团出品”两张牌，提高茅台品牌的综合能级。

5. 管服结合营销法

营销和服务是孪生子，好的营销一定有好的服务，好的服务又反过来影响营销，营销和服务双管齐下才能带来顾客的忠诚。服务营销是提高产品竞争力、附加价值、差异化地位及效益重要且有效的手段，其对企业形象、品牌形象具有强大的塑造作用。只有切实有效的服务营销才能给企业和产品带来正效应，赢得顾客的忠诚。最好的服务是想办法让顾客在接触你的那一刻开始就拥有非常好的心理感受，并持续至交流结束，最后让他们心甘情愿为你的服务付费，下次还来光顾，并且还会告诉他认识的人“你的服务最好”。因此，无论是大企业还是小企业，无论是餐饮还是银行、零售还是连锁，都需要致力于提供高品质的服务，用服务去营销在这个时代特别重要。为什么海底捞的服务成了餐饮界的神话？为什么西南航空公司的服务让人们体验到了什么是极致？什么是温度？这些企业正在用它们的服务征服消费者。品牌营销要提高市场管理能力和市场服务能力，维护良好的市场秩序和经营环境，持续为消费者提供更高的满意度，不断巩固来之不易的市场耕耘成果，进一步提升企业的良好品牌形象。

第二章　成功企业的营销密码 ——快速转化客户的裂变能力

“营销裂变”的本质——除了卖产品，还能卖什么

做品牌，卖产品，最终离不开营销。而营销人都会面临一个最大的问题：产品不好卖。很多老板会发出这样的感慨：我的产品是精心研发的，质量一流，价格也很合理；包装高大上，印刷很精美；广告下足了功夫，经销商很有信心，销售团队的绩效考核设计也不错。可是，产品真正销售起来，并没有如预想的那样实现节节高升、火爆十足。

大多数人觉得产品和营销是对立的，很多人说自己的公司虽会做产品，但不会营销。其实，产品和营销是联合成果，研发部门和营销部门共同合作才能做出一个好的产品来。以月饼为例，馅料是大师傅研发出来的，决定了月饼好不好吃。但是消费者买月饼不仅仅是买馅料，还买月饼的包装。如何在注意环保、节约原材料的前提下对月饼进行精巧的包装，

让消费者产生购买的欲望，这便是营销，营销会对产品价值产生非常大的影响，任何一个产品能够成为营销的爆品，都离不开好产品，也离不开好营销。

事实证明，很多产品之所以不畅销不是不会卖，也不是产品太普通，而是因为营销思维太单一，只把营销放在了“产品”上，以为卖产品就只是卖产品。但事实上，在如此泛滥如潮的商业经济社会，缺的不是产品，而是认知。大家的产品都大同小异，所不同之处在于认知不一样，宣传的情绪价值不一样，给消费者带去的产品理念不一样，最终就会让营销的结果产生天壤之别。例如，王老吉的销售额从 200 万元变成 200 亿元，包装没有变，配方没有变，变的是认知。王老吉最初的广告语是“健康相伴王老吉”，后来变成了“怕上火喝王老吉”。于是，只要怕上火的人都会下意识想到王老吉，吃火锅也会标配王老吉。事实上，喝了王老吉就真的不上火了吗？未必。但在客户的认知里就认定喝王老吉可以下火，喝六个核桃可以补脑，所以，客户的认知就是事实。产品不好卖，很大程度跟产品无关，而是客户对你的产品认知不清、认知模糊甚至认知为零。

营销想要产生裂变效果，其本质是要思考“除了卖产品，还要卖什么？”超越产品之外的东西有三个因素，分别是功能、场景和情感。这三个因素打造好了，才能提升消费者对产品和品牌的认知度。

1. 卖功能

所谓卖功能就是向消费者展示产品所具有的相关属性。因为消费者在见到一款新产品时，基本上是不了解产品对自己有什么用途，从而也就不会联想到使用该产品能够解决自己的什么问题。并且顾客购买产品就是为了解决自己的问题，不管是解决物质问题，还是精神问题。消费者只有了解了产品的功能，才会联想到这一功能对自己有什么用途。比如，空调的品牌卖点很多，有的卖省电，有的卖出风快，有的卖静音能力强，有的卖除甲醛，这就是在产品的功能上下功夫。很多产品卖不出去，是因为产品定位不清晰导致消费者无法正确认知到产品的功能。没有一个产品能够包含所有的功能，如果品牌追求想要一既要一还要，这就陷入了贪婪的怪圈，反而让消费者无法准确定位你的产品。无论卖什么，产品一定有最优的那个功能，或者是你最想让消费者认可的那个功能，这才是你的产品的卖点，而不是笼统地宣讲你的产品完美无缺，所有优点应有尽有，一个全是优点的产品等于没有优点。有一个卖茶叶包的，打着“健康生活”的口号，功效一大堆，什么疏通肠胃、减肥瘦身、保健养生、解酒醒酒……但实际上把它放在众多茶类产品中，压根就毫无特色。因为包装很花哨，又是减肥瘦身又是保健又是解酒，一眼扫过去，人家根本就不知道产品核心的卖点是什么。让消费者无法产生认知的产品，就无法形成品牌的护城河，当然也就成不了消费者心中的唯一。很多企业正是因为突出了产品的某个功能，才赢得了消费者对品牌的认知，才有了果粉（苹果手机的粉丝）、米粉（小米产品的粉丝）、茅粉（茅台酒的粉丝）。

2. 卖场景

“场景”这个词不新，但却非常重要，因为对于今天的消费者来说，在商品同质化严重以及媒体信息轰炸的时代，场景已经成为他们是否接受信息的重要影响条件。产品需要推广，但硬推广已经无法触达消费者了，与其天天发产品广告，不如去营造一种可感知、可想象的场景，从用户的视角出发，切入生活中的某个场景、某个生活理念、某种生活方式，让用户看了有一种触手可及的感觉。这种润物无声的效果很容易让消费者爱上产品。以海尔品牌“海尔智家”的场景营销为例：

在吃的方面，海尔智家带来了吃、买、存、做、洗、安“一站式”全流程健康美食场景。做饭前，冰箱提供无菌、新鲜的保鲜方案；做饭时，厨房内的烤箱、烟灶互联互通提供主动服务；吃完饭，消毒柜通过光波巴氏消毒技术有效杀灭细菌，保障餐具健康。

在穿的方面，洗衣机只是健康洗护场景中的一个网器，通过联动洗衣机、烘干机、智能鞋柜、智能晾衣架等网器，带来的是包括洗、护、存、搭、购、收在内的“一站式”场景解决方案。此外，针对用户的差异化需求，海尔智家还搭建了健身阳台、运动阳台、晾晒阳台等场景方案，合理使用空间满足用户需求。

在住的方面，海尔智家不仅提供空气除菌解决方案，通过56℃空调除菌保障用户呼吸健康，同时还为用户带来专业化设计、专业化安装等场景，提供“一站式”健康居住解决方案。在娱乐方面，娱联网搭载丰富教育资源，可以轻松辅导孩子学习；智能清扫场景解决居家清洁问题；智能安防场景保障娱乐品质和居家安全等问题。

又比如，卖酒，那么就可以将酒与不同的消费场景结合。如宴席场景下，可以针对生日宴、婚礼、企业年会等进行场景营造宣传推广。商超场景下，根据季节的不同营造不同的场景，推荐适合当季的酒品进行营销。餐饮场景下，可以针对如中式餐厅、西式餐厅、快餐餐厅等不同的场景，结合菜品和文化进行营销推广。

把产品融入生活、融入场景，才能让用户感觉到温度，感觉到有烟火气息，才能有代入感，比如董宇辉在直播间卖大米，不是直接卖大米，而是卖故事，卖回忆；明星董洁的小红书直播间，卖家居生活用品，展示产品在自己家中的摆设，分享自己的使用体验，卖衣服卖自己的穿搭技巧，展示自己在生活中的各个场合的样子。这都属于卖场景，顺带就把产品卖了出去。

3. 卖情感

卖情感也可以称为“情感营销”，是为了调动消费者的情绪价值。《疯传》的作者乔纳伯杰写道：“任何产品或服务其实都能聚焦情感，即使那些看似没有情感诱因的产品或者服务也是如此。”因此，情感对于品牌很重要。品牌做任何事情，目的都是得到消费者的认可，建立消费者对品牌的忠诚度，培养消费者持续消费的习惯。品牌只有具备了能够满足消费者群体的情绪价值，才能算实现了真正意义上的品牌建设和营销裂变。

例如，耐克卖的是运动鞋，但它的广告总是放在运动员精神、努力和汗水之上，看到广告的人都会感受到一种力量或精神，然后选择买单。如果单纯介绍产品有多时尚，多结实，款式多好，那它的竞争力又体现在哪里呢？再例如 roseonly 玫瑰花，卖的却是“一生只爱一个人”，卖的是“承诺”“唯一”的情绪价值。同样，DR 钻戒卖的也是“一生只能买一次”的情感，俘获了众多女人心。再比如，海底捞推出“分手套餐”，便是一种典型的情绪营销，能够迅速让消费者感觉“上头”，并“买它”。这就是卖情绪的奥妙之处。

人类首先是情绪的动物，以至于有人说：80% 的购买是基于“感性的情绪”而不是“理性的逻辑”。充分承认和正视消费者的感性，只有当广告触达人的内心，消费者才会心甘情愿地掏钱。

营销战术——掌握消费者的心理学战术

简单理解营销战术，其实是一种对消费者心理的洞察和迎合，“成功的销售专家一定是一个伟大的心理学家”。这是销售行业的一句名言。从这个角度来看，破解销售中的各种难题，完全可以采用心理学战术。销售到了最后，就剩下了最简单的一句话：销售必须要懂得心理学。你不要觉得研究客户心理是在浪费时间，其实研究他们购买的动机和原因，比那些费尽口舌却不讨好的推销方法要有效得多。产品离不开营销，营销又少不了洞察，掌握一些消费者的心理学战术，能对营销起到很大的帮助。

在心理学上，有几个匹配营销的效应，分别是从众效应、奥卡姆剃刀定律和曝光效应。

从众效应，是指个体受到群体的影响而怀疑、改变自己的观点、判断和行为等，以和他人保持一致，也就是人们所说的“随大流”。在营销中若炒作一种“热销”的假象，那么往往就会形成真正的热销结果。宣传的舆论导向“火热”，大众就容易跟着“热”。比如，互联网“制造”出的“双 11”，正在输送这样一种观念：每年的这个日子买东西最优惠。于是就会出现从众心理效应，大家都买。理性消费是指消费者在自己的经济条件许可的情况下，根据自己的认知判断，作出合理的购买决策。但是在

“双 11”期间，有些人的购买纯粹是因为看到别人都在买买买，原本自己没有需求，但是也要跟风买。

奥卡姆剃刀定律，是由 14 世纪英格兰的逻辑学家奥卡姆的威廉提出的，这个定律也被称为“简单有效原理”。在信息庞杂的时代，任何资讯都会影响消费者的判断，抓住一点进行宣传才是有效的宣传。例如，舒肤佳的广告提出“洗手吃饭”的概念，作为品牌连续 5 年都没换过的营销主题，这四个字虽然简洁但却深刻有力，堪称化繁为简的绝妙案例。很多企业在介绍自己品牌的时候，总是觉得自己的产品是最好的，就像自己的孩子一样，看哪儿都是最优秀的，恨不得在跟别人介绍时，把所有的优点都说出来，生怕错过哪一项。其实最简洁的方法就是最好的方法，营销要进行简单化变革。本质的东西一定是简单的，能否把复杂问题简单化、本真化，化繁为简解决主要矛盾，这直接关系到品牌能否成功破局。

曝光效应，是指当人们对一个事物多次见到并熟悉后，便会逐渐产生好感。所以人们在无意识的认知情况下，会发生曝光效应，即“无须推论的偏好”。著名的心理学家扎伊翁次在两所大学做了一个实验：在几个星期的时间里，一个类似广告牌的画面出现在两所大学校报的头版上，上面写着几个单词，出现频率各不相同。广告结束后，研究人员在校内发布调查问卷，询问学生对于这几个单词的印象，是有“好感”还是很“反感”。结果令人惊奇：相比只重复了一两次的单词，受试者对出现频率高的词抱有更多的好感。可见，品牌需要多渠道、多元化、持续性地对产品进行宣传，例如我们耳熟能详的广告语“挖掘技术哪家强，中国山东找蓝翔”“今年过节不收礼，收礼只收脑白金”。合理利用曝光效应能够触达消费者并让他们容易记住，产生认知偏好。只要提到某个品类，就能让消费者和你的产品画上等号，这就是成功的营销。

除了以上几个常见的心理学战术可以应用在营销方面外，对于消费者心理的精准把握也非常关键。那么消费者的心理有哪些呢？

1．求实心理

产品的价值有很多，其中实用价值是基础和核心。这是客户普遍存在的心理动机。在成交过程中，客户的首要需求便是商品必须具备实际的使用价值。商品的使用价值是价值的物质承担者，只有满足了人们对某种产品的需求，这种产品才拥有了成为商品的价值。因此，实用性对于需求的作用不言而喻。如果拥有“求实心理”的消费者追求的品牌是朴实大方、经久耐用，那么对于外形的美观、色调、商品的个性就不会特别强调。

2. 求美心理

品牌不但需要实用性，也需要颜值。实用性是内涵的话，颜值则是品牌的名片。爱美之心，人皆有之。有求美心理的消费者更加注重商品的艺术价值和文化价值，以品位人士和文化人士居多，或者经济收入较高的消费者也较为普遍。

3. 求新心理

有的客户购买商品注重“时髦”和“奇特”，好赶“潮流”。“新奇特产品”早已走入大众的生活中，同时也成为市场竞争中的一把利剑。给产品加上“新奇特”的标签，会在曝光度、竞争力、吸引力上具有较大优势。新奇特产品在能让生活品位提高、张扬个性的时代，更加显现其优越性。而追求产品新奇特的消费人群，在经济条件较好的城市中的年轻男女中较为多见。

4. 求利心理

在营销界有一句被销售人员挂在嘴边的话："消费者不是喜欢便宜，而是喜欢贪便宜。"可见，追求物美价廉是所有人的心理。有求利心理的消费者，在选商品的时候，会特别在意价格，尤其在意打折或处理商品。

快速增粉——精准引流下的裂变效应

掌握了与消费相关的心理学之后，下一步就是要找到买你产品的人，产品再好不一定适合所有人，所以，你的客户越精准，你营销的靶向越精准，最终实现的产品与用户的匹配就越精准。

企业在制订营销方案的时候所面临的最大问题就是把产品卖给"谁"，也就是确定目标客户群体。市场之大，消费者何其众也，企业在确定目标客户群体的时候，要针对所有的客户进行初步判别和确认。在初步确定目标客户群体时，必须关注企业的战略目标，它包括两个方面的内容：一是寻找企业品牌需要特别针对的具有共同需求和偏好的消费群体；二是寻找能帮助企业获得期望达到的销售收入和利益的群体。如何找到他们呢？先进行市场调研，通过分析用户画像，找到相应人群。可以通过回访老客户的方式展开产品调研，询问他们是出于什么原因购买的，是通过什么途径购买商品的，等等。比如，有的是通过网站搜索或就近的门店购买的；有的是通过亲戚、朋友、同事、同学等介绍购买的；有的是对产品知名度有了好的印象而购买的；也有的是出于对企业的实力的信任而购买的。

锁定目标客户群体后，下一步就是寻找目标客户的具体位置或网络空间位置，看他们在哪个城市或哪个区域。地域不同，线上线下也不同。根据这样的定位，能够发现企业产品是不是能够满足客户的需求。审视客户在购买企业产品或服务时的真实需求和好处，有利于精准地把握客户需求。

很多企业对自己的产品自我感觉良好，但是市场是否喜欢，那就真的不一定了。在经济高速发展的今天，很多“我以为”的思维模式，已经不适合受众人群，而是要找到用户痛点，给精准用户建立一个档案，描述他们的一些共同特征，并设想这个群体是因为什么样的需求才找到你的产品。

任何产品不要试图卖给所有人，甚至不能卖给不同年代的人。“60后”和“70后”相差一个代沟；“80后”就要分“85前”和“85后”，两者消费意识和消费行为差别很大；而即将成为社会主流的“90后”和“00后”，有专家认为他们每3年就有代沟产生。所以，目标人群定位要精准。如果你的产品只是针对高端时尚人士而言的，那就要将目标锁定在有消费能力和消费需求的一类人身上。了解用户合适的诉求，准确找到切入点是关键。所谓物以类聚，人以群分，所以，一个精准用户的背后，往往隐藏着很多个你的精准用户。只有找到了你的精准用户，后续才能带来裂变的可能。

Roseonly的目标顾客是都市白领，追求浪漫时尚有品位，所以，他们锁定其中的1000万人，满足他们用最美丽的玫瑰花传递爱的诉求，因此营销定位于“爱”。

有趣的是在其粉丝达到40万时，80%是女性，但购买群体中70%~80%是男性，最后Roseonly把它们的精准用户定位为男性。目标顾客在购买玫瑰花时，会全渠道地搜集信息，选择最好的玫瑰花，全渠道完成购买行为，消费过程也会多渠道地与朋友分享，如发微信、发微博、口碑传播等。

为了表达高贵、浪漫的爱情定位点，Roseonly在全世界选择最好的玫瑰花——厄瓜多尔玫瑰，而且选择最好的皇家玫瑰种植园，在园中亦千挑万选。为了让每一朵玫瑰花都成为无可替代的唯一，工作人员每剪一枝玫瑰便换一把剪刀，后空运进口；包装也是精心设计，包装盒上有提手便于提拿。顾客可以根据自己的需求在网上和实体店铺定制。为了表达不同的爱的含义，公司采取了高价策略，一支道歉玫瑰零售价399元，表达爱的玫瑰平均零售价1000元。信息通过网站、网店、名人微博、微信、E-mail，以及实体花店等进行全渠道广泛传播，诉求的主题为“一生送花只给一个人”。顾客下订单、交款也可以采取线上线下的全渠道形式，不过需要进行身份认证，一旦注册了，一生就只能给一个人送花，公司不会负责给第二个人送花，哪怕顾客的恋爱对象已经换了，以此凸显“一生爱一个人”的价值定位。顾客可以到实体花店自提，也可以接受送花上门，与京东、天猫送货员不同，Roseonly的送花人员都是时尚、帅气的小伙子。

所以，真正的精准，是指产品特点与客户群体特点最接近，因此，企业一定要找到产品直接针对的群体，他们才是企业的目标客户群体，是“准”客户。品牌在寻找精准客户方面应该作以下尝试：

（1）梳理自己的产品卖点、特性、突出的优势，这是知己的过程。

（2）清晰刻画目标用户，越详细越好，这是知彼的过程。

（3）通过人际关系网络、活动营销、老客户介绍等，筛选、接触第一拨精准用户。

（4）通过关键词形式检索有需求的用户，私信告知产品信息。

（5）通过内容营销，针对精准用户群体制作出爆款内容，进行宣传，吸引精准用户。

（6）将精准用户拉入社群进行交流互动，形成自己的私域流量。

（7）开展线上线下精准用户群体活动、见面会，维系精准用户，为后面的裂变打下基础。

（8）激发精准用户进行传播，获得用户增长，产生小范围裂变。

营销裂变差的根本原因——全局营销效率低

不少品牌做不好营销，更谈不上营销裂变，其核心的原因在于没有全局意识，全局营销效率太低。什么是全局营销呢？就是利用营销工具布局所有营销渠道，以消费者运营为核心的营销。传统的营销概念是先有产品，然后再有卖场就可以进行营销。但事实上，真正的营销永远关注的是“人、货、场”三者联动，人是核心。只有在了解消费者的基础上，产出与消费者相匹配的产品，解决好品牌和消费者的关系才是营销。无论什么行业，都会涉及营销，所以不管是员工还是老板，都需要思考“客户怎样才愿意为我们的产品买单”。在这个产品大丰富的时代，产品同质化现象愈加严重，因此你的产品并不具备唯一性，在这种情况下要让客户选你的产品，关键的在于“你”。所以，人是营销的第一个环节，要瞄准特定人群，理解特定人群的需求，与他们建立感情。

全局营销关注人的需求，同时需要数据和相关工具的支持，因此数据是第二个核心。做品牌营销需要用海量的、全域的、全量的消费者数据进行分析。分析消费者与产品接触的点是什么，也就是我们常讲的消费者跟品牌之间的触点。比如，分析谁看了你的营销推广内容，谁去商城购买了你的产品，与线下数据对照，没有形成二次销售、三次销售，最后他们关注的痛点是什么？买了你的产品，你的物流模块、供应链体系，是否能跟得上销售趋势？比如你做了一次品牌推广后，后面的供货、售后服务等是否跟得上？所以很多企业，通过一轮大的推广就把自己的口碑搞废了。后端管理体系跟不上，发货跟不上，库存跟不上，包括业务员内部的服务体系也跟不上。而这些，都离不开对数据的分析。

在对数据做精准分析的基础上才能找到营销工具，就是你用什么平台去营销，又用什么把你的前端的流量导流到你中间的平台载体，再到后端管理所有库存的变化等，形成一整套体系。这样才能使品牌在运营和消费者关系的全链路、全周期上形成一个行为闭环，这个闭环就是全局营销。

全局营销效率不高的表现是除了有产品、服务、品牌形象外，再无其他。而想要提升全局营销效率，就要做到科学化、系统化、全局化营销。实现线上、线下 O2O 融合，做到节约流量成本的同时达到互补和优选，哪个渠道都不放过，最终带来转化率。做营销是艺术和科学的结合体，创意内容是艺术的表现，而全局营销则偏科学，就是利用数据和工具。所以，任何一个企业要想长久地做好营销，从一个公司层面来说，就一定要把这样的架构关注起来，完整的全局营销系统才是衡量一个企业是否能够走得长久、走得稳的根本。

有多少品牌策划者和营销人、广告人能够带着全局营销的思维格局来“操盘”呢？更多的是“只见树木，不见森林”，每个人只负责全局营销的某一小部分。一个品牌想要走得长远并产生裂变效应，需要市场、运营、产品、数据、供应链各个环节全打通。在这样的闭环里，先从选品开始，提升客户体验，留住更多客户，产生更多流量，有了流量，在供应商端就拥有了更多话语权，从而为选品带来更有利的条件，从而实现驱动增长。而增长带来的就是业务的良性循环，有了更低的成本结构，就可以给客户提供更低价格的产品，来进一步提升客户体验。

而想要实现全局营销，提升营销效率，则可以从以下几个方面入手：

1. 选品

营销的原点是产品，好产品的分类包括爆款（带来关注和流量的）、长尾（可以源源不断出货的）和品牌产品，此外还需要有一个好价格。什么是好价格？就是合适的价格，计算出一个最优的价格，既能提高消费者购买次数，也能保证利润率。因而在没有算法或者没有一定规模历史数据的情况下，通过手动调价不断测试最优价也是必要的。

2. 天时

做营销也讲天时、地利、人和。而天时就是管理好内容和位置，既包括空间上的位置也包括时间位置，简单理解就是营销的时机，掌握营销淡旺季、重要节假日等。好产品需要匹配各种促销季和品牌旺季，才能带来更优质的销售业绩。

3. 地利

地利就是你的产品要在哪里卖，也就是渠道。对所有的企业来说，获取客户包括获取新客户以及激活现有客户，可以通过 App 和广告投放、官网展示等对客户进行不间断触达和连接，不断激活、增强其复购和重复使用的机会。

4. 人和

买你产品的是什么人，这是非常重要的问题，无论对产品还是市场而言，你的客户始终是核心。简单来说，我们会因为想喝酒而去买酒喝，但是买懂你的江小白还是买牛栏山风味的牛小二，买茅台还是买五粮液，就是一种消费者对品牌的选择和情有独钟了。所以，人和是要找到符合产品气质的消费者。也就是说，要找到消费者想买的那个点，然后再去迎合这个点。还可能需要做大量的用户调查，收集用户反馈，了解用户的需求和痛点在哪里。根据不同的营销目标可以选取其中一个时段，对这个象限进行营销，就可以实现精准触达。比如根据购买记录，看客户都买过什么，购买频次，客单价，买促销产品的比率超过多少等可以做不同的区分；比如根据数据分析，可以预测出客户可能会选择购买某个品牌或某个品类，可能会因某个页面节点推荐购买；比如根据客户特征属性，包括性别、年龄、地理位置、所用设备、IP 地址、是否有会员等；再比如分析聚类的方法，找到高价值客户，或者是高价值行为客户等。

随着数字经济时代成为热点，品牌营销不仅要考虑天时、地利、人和，更要有数字化思维，现代营销正从简单的商品交换，逐渐演变成一种服务、互动、连通性和持续性的关系，消费者不仅需要充分了解产品，他们甚至还想要获得比卖方公司员工知道得更详细的有关企业的全面信息。所以，未来的全局营销不仅要打通产品、市场、消费者、供应商、供应链这些全链路，更要利用数字化技术如 VR 全景，塑造企业自己的营销点，在企业的产品、包装、服务、员工、场地等和企业相关的连接点里，都可以用 VR 全景让它们有足够的“用武之地”，在全局营销的基础上实现全景营销，让消费者直观地了解品牌，赋予企业每个连接点内容以价值，从而让消费者对企业的整体品牌有强烈的认知感。

第二部分

营销裂变：从认知、转化到增长

第三章　爆品思维才是裂变的引子

需求：抢占客户需求永远排第一

在心理学中，人的内在需求是指人体内部一种不平衡的状态，是对维持生存和发展所必需的客观条件的反映。消费者的需求 = 购买欲望 + 购买能力，也就是人对于某个具体产品有购买能力并让购买行为发生的欲望。消费者的需求是动态性的，会随着社会经济、生活水平、技术进步等环境的变化而变化。当消费者的某种需求被满足以后，新的、更高级的需求将会被激活，这也说明，人的欲望是无止境的。营销要解决的就是抓住消费者这个源源不断的需求，进而去满足这个需求的过程。

品牌营销工作需要挖掘消费者的需求，为消费者创造价值，这样人们才愿意选择该品牌。马斯洛五大需求理论中，包括自我实现需求、尊重需求、归属与爱的需求、安全需求、生理需求。其中任何一个需求出现问题，都会让消费者感到痛苦，也都会产生搞定问题的需求，有需求才有销售的机会。因此，抢占客户需求永远排在营销环节的第一位。

如何才能了解消费者需求呢？可以通过调查访谈的方法进行，一般分为定性法和定量法两种。定性法由调查员主导，以对谈方式引导消费者，通过了解消费者消费态度与情绪的反应，来判断他们的潜在需求。或者成立专题调查小组——一般 6~12 个人组成一个小组，进行交谈询问。这种调研方式，需要调查员深入品牌终端，通过店铺监控、参与接待等方式，观察、获取消费者在产品使用过程中的表现，发掘消费者行为背后的真正需求。定量法采用调查问卷的方法，其中选项式问卷与评分制问卷是常见的形式，通过将产品、服务、终端环境等条件一一列出，最后统计答案权重与评分，可以大致清楚消费者的消费倾向。另外，还可以通过数据分析工具，了解消费者的消费喜好，如品牌成交量排行榜、应用下载排行榜、话题点击排行榜等。

在把握消费者心理需求方面，要认识到，消费者的消费心理不是一成不变的，他们会受到外界的环境、经济基础和情绪的影响，但也有不变的，就是消费者想要索取高于付出成本的价值。知晓目标人群后，就要知道什么样的产品能够打动他们，是解决了痛点还是提供了精神满足，抑或是符合他们的审美观。洞见消费者真正的需求究竟是什么，从而给消费者一个购买产品的理由。

有时企业以为自己问的是“需求”，消费者回答的却是“需要”。需要指的是人们对事物的欲望或者要求，而需求指的是消费者具有支付能力的“需要”。换句话说，人生而有需要，而只有那些他们能够负担得起的需要才会被企业视为需求。

如何抓住消费者需求呢？

1. 加强消费者对品牌的认知

消费者对于产品有需要才会慢慢过渡到有需求，试想如果把含酒精的产品卖给孕妇就不合适，说明含酒精的产品与孕妇之间没有联系。好的营销，一定要将产品与用户建立联系，用户需要你，你的营销才能成功。能把产品卖好，离不开消费者对产品的认知，消费者对产品的认知越多才能对企业的产品产生越多的认可。大多数用户所关注的是在信息传递上符合其自身需求的东西。例如，手机软件会根据你的听音乐记录，为你推送你偏爱的歌曲；根据你的点单记录，为你推送你喜欢的特色美食；根据你买东西的习惯，为你推送你适用的产品……企业使用类似的方式进行营销，不仅帮用户节约了大量的时间，也更容易让用户产生好感并建立起对品牌的认知。所以产品在营销推广中要能够侧重分享，让用户深度充分地了解产品，这是第一步，也就是至少要做到让用户和产品进行“沟通”。其次，让产品可以提供对用户有价值的信息或服务。比如，夏天的麻辣小龙虾、冰镇啤酒，对于年轻人来说就是需求。比如，江小白发现，小曲清香型白酒存在了那么多年，但是没有哪个品牌能真正做深、做透，并且它还有着极大的优势，即手工精酿，纯天然，口感柔和，更加适合青年群体饮用。比如“格力”，其最早的定位从空调这一细分市场出发，一句“好空调，格力造”一传递了格力专注于空调这一细分市场领域，二强调了格力品质，以通俗的语言传达给消费者。而随着时代的变迁，消费者对于品牌、产品的认知加强，“好空调”显然不能让消费者信服。格力也与时俱进，将定位转向科技，格力“掌握核心科技”，强调格力的科技创新，满足现代居家对家电产品的需求。之后再配合多个营销手段，企业领导人的塑造等，加强消费者对格力的认知。

2. 确保产品符合市场需求

同一个产品，进入不同的市场，满足的需求也不一样。同样是卖酒，有的是卖给高端商务人士，有的是卖给饭馆小店。同样卖手机，在一线城市手机是消费电子产品，用户的需求是高科技，因此手机更新换代频率快。但是，在乡镇地区，手机是消费耐用品，用户并不关心手机的参数和技术，只关心它是否耐用。所以，企业所提供的产品一定要符合市场需求，才能形成消费者购买动机。

3. 根据用户的购买能力进行精准推广

同样的产品，有购买能力的人不会觉得贵，而没有购买能力的人就会觉得贵，所以要根据用户的消费能力去推广，才能达到成交的目的。比如，茅台将自己的消费人群定位在高端商务人士和中产消费阶层。

综上，要想抓住消费者需求，品牌就要有自己的优势产品或服务、一整套体系化的品牌策略、深刻的消费者洞察、鲜明的定位和形象，然后通过多维度的品牌运营和不断强化品牌精神，去打动消费者，让他们有冲动分享给更多人，从而影响更多人产生裂变。

颜值：产品的卖点是真正商机

随着消费者的比重越来越趋向年轻化，爱美、注重颜值成为他们的日常需要。年轻的消费者不但重视自我颜值的提升，对于各类产品的“颜值”也有了更高的要求，品牌的视觉传达越符合年轻人的审美，就越容易被看见，被接受。在产品的其他要素相差不大的情况下，外在的美观程度对消费者选择产品起到了决定性作用。

认知心理学家唐纳德·诺曼（Donald A. Norman）曾经作过解释，好看的产品往往更好用，为什么会有这样的逻辑呢？早在20世纪90年代初，两位日本研究者黑须正明（Masaaki Kurosu）和鹿志村香（Kaori Kashimura）就提出过这个问题。他们研究了形形色色的自动提款机控制面板的外观布局设计，所有的自动提款机都有类似的功能、相同数量的按键，以及同样的操作程序，但是其中有一些键盘和屏幕设计很吸引人，很时尚新颖，另外一些则不然。让人惊奇的是，这两位日本研究者发现那些拥有迷人外表的自动提款机使用起来更加顺手。

在《流行文化社会学》一书中，作者高宣扬教授曾解释，法国哲学家梅洛·庞蒂以人的眼睛的视觉为例，说明身体感受对于美的鉴赏的重要意义。“人们在消费活动中，往往靠眼睛视觉提供的信息选择自己的消费对象，并在购买、使用和交流消费品的过程中，靠眼睛视觉的对比和鉴赏来决定对于消费品的判断。”

所以，追求产品颜值和注重人的颜值一样重要，好看才好卖。过去我们在介绍产品的时候，总是强调耐用、质量好，但现在年轻消费者并不为这个买单，他们更注重产品的外观，也就是颜值，消费者希望买到既好用又赏心悦目的东西。

随着国潮的崛起，国人文化自信进一步增强，对品牌借势传统文化的国潮营销的审美阈值也不断提高，特别是年青一代，他们更看重品牌如何做产品、如何在营销中呈现传统文化，彰显传统文化的魅力。

近年来，新锐品牌异军突起，比如喜茶、三顿半咖啡、钟薛高、汉口二厂、完美日记、茶颜悦色等，它们都有一个共同的特点——“颜值高”。

“颜值经济”之所以兴起，源于大众对于美的本能追求。首先，消费者在选择商品时，往往靠视觉提供的信息选择消费对象。其次，消费升级带来的审美的“跃升”，在产品的功能性已经趋同的情况下，外观设计带来的视觉冲击成了企业间最重要的竞争点。

各行各业对于产品的颜值逐渐重视起来，比如葡萄酒开始通过包装卖“外秀”——软木塞、重型瓶、烫金标、深凹槽以及其他文化包装。

举个例子，2015 年澳洲天鹅庄的大金羊，3 天销售了 5.6 万瓶。这个酒庄在中国之前并无名气，能够靠微信一炮而红，除了借助新媒体营销的模式之外，核心还在于会做“表面文章”：软木塞，1.5 升装大瓶形，厚黑瓶身，而且为了迎合中国年底的送礼市场，酒标采用大金羊（按照天干地支、十二生肖和五行学说，2015 年是金羊年），并套上中国红的布袋包装。不得不赞叹，一次功课做足的外秀啊！

比如白酒的设计，对于瓶身的设计开始从传统标准瓶身向个性、时尚的风格转变，国外酒以水晶头伏特加为例，用玛雅文明传说中存在的 13 颗水晶骷髅作为罐装酒的容器，象征纯洁的精神和智慧。酒瓶的颜色也较传统有了更多的进步，以国内品牌海之蓝为例，追求色彩的色相、明度、饱和度、对比度等属性，使色彩对人产生感官的影响。以 RIO 为例，通过颜色组成系列，加强产品整体色系视觉效果。RIO 用荧光色彩抓住年轻人多样偏好，满足追求新鲜的心理。

面对市场上琳琅满目的同类产品，消费者显得越来越“没耐心”，哪个产品靠颜值能第一时间抓住消费者的眼球，哪个产品就能胜出。

在产品同质化的时代，就产品来说仅产品功能上的满足，还远远不够。当下，人们更追求一种符合时代特征的产品体验，而产品的“颜值”往往是吸引消费者的第一步。产品越中看，格调越高，越容易让人获得更多优越感，往往也越容易吸引人！

从哪些方面打造消费者喜欢的“高颜值”产品呢？

1. 特别的包装

消费者对品牌的要求越来越高，从第一眼看到包装开始就决定了是否喜欢，从日常用品到科技数码产品，无论男女都更为注重美观，因此产品的包装一定要凸显性格、时尚和潮流元素。在注重产品颜值方面，产品包装是最直接的广告，直接影响产品销量。产品未来的成功关键是卖情感，卖趣味，卖个性。因此，产品包装要有颜值。要真正扩大市场，必须加强包装的差异化和与众不同。再通过不同类型的包装，加大市场份额，给消费者建立现代时尚的产品感觉。

2. 文化为颜值加分

高颜值的产品虽然能够让消费者欲罢不能，但这并不代表消费者会盲目追求华而不实的东西，他们不但注重外在的颜值，更注重产品的内在文化和价值。所以，要让产品有内涵、有趣、有料。

3. 个性和便携

这是个快时代，消费者在追求颜值的同时，还追求轻便易携，所以，通过个性化包装设计来吸引消费者。个性化的包装包括轻巧、方便储存、便于携带，凸显小众性、独特性、艺术性和环保性等。

高颜值产品本身属于一种社交货币，人类天生就喜欢被喜欢和被认同，当一个人通过晒单分享好看的产品而收到源源不断的正面反馈时，就会带动更多的人认同产品，为营销裂变打下基础。从营销的角度进一步来说，消费者的感知价值是影响其购买的最主要驱动因素。这种感知价值，不一定是理性的，往往是感性的。因此，谁先打造出高颜值产品，谁就能吸引源源不断的消费者，从而开辟更大的市场。

市场：谁抢占先机，谁就获得了商机

一个新品牌诞生后，就要扩大其知名度，让其在消费者心中建立起良好的品牌形象，帮助提升公司的品牌地位，累积品牌价值，真正做到品牌的快速发展。也就是营销界常说的，大鱼吃小鱼，快鱼吃慢鱼，谁抢占了先机，谁就能获得商机。

营销的本质是如何让品牌“被看见”。如今，随着线上空间不断被粉碎，线下空间就变得越来越重要，它可以拉近品牌与用户、用户与用户的关系，让大家彼此被看见。所以，想要做好营销，就要抢占用户市场。

例如，有一个小规模食品公司，其辣酱上市前想做宣传，但由于没有太多的资金去打广告，于是就租了一个较偏僻处的广告牌。租下来后，他们并没有直接给辣酱打广告，而是贴出广告位招租启事：“广告位招租，全年 88 万！”天价招牌的冲击力让很多人开始关注，渐渐很多人都知道某个地有个贵得离谱的广告位。一个月后，辣酱广告登了上去，顺理成章地被很多人所知，于是市场迅速打开。

一个品牌进入市场的时候，首先就要让其具备看点，也就是产品要有亮点，比如名字起得咋样，产品包装得咋样，等等，产品的亮点就是营销力。其次是产品的功能，也就是此款产品与同类产品相比有什么与众不同的地方？与其讲你的产品有多好，不如讲你的产品跟同类产品有什么区别，如此才能让产品迅速脱颖而出。再次是产品的定价。俗话说，定价定天下，你是定位高端消费者还是低端消费者，抑或是中端消费者？一定要明确，这也是你的产品能快速占领市场的前提条件。最后是产品是否能给用户带来价值？有的产品卖健康，有的产品卖品位，有的产品卖实用，这就是产品蕴含的价值。

虽然以上四点是常见的营销抢占市场的要素，但依然有不少企业无法占领市场，甚至被竞争对手挤到市场边缘。究其原因有以下几个：

（1）无清晰的品牌定位，给消费者造成模糊认知。

（2）产品竞争优势不明显，缺乏核心价值提炼。

（3）短视行为，只看重眼前利益，缺乏长期的战略。

（4）过度迷恋自身产品，看不到外部竞争的威胁。

（5）认知狭隘，认为做市场就是做广告。

当今是产品大竞争时代。若你的产品没有在用户大脑里形成一个核心认知（或关键特性），那么将无法形成核心竞争力，更难以成为用户的第一选择。

比如，你把同一款软件推销给同一地区的 10 个中小企业，从表面上看是进入了“办公软件”这个细分市场，但只要不同企业的人在使用办公软件时不相互参考意见，那么这就相当于是 10 个市场。

所以，市场部的作用更多的是刺激市场内消费者、讨论者、意见领袖等人群的连锁反应，让他们帮你营销，而不是一手包揽全部营销活动。这就意味着，任何推广活动，必须在同一个市场内刺激连锁反应，而这样做的关键就是——你至少进入一个消费者相互参考意见的市场。

我们以江小白为例：

江小白 CEO 陶石泉说：“产品出来了，剧本就来了，剧本来了，IP 就来了！”似乎这就是社会化营销的精髓！

江小白利用人性的弱点，把产品—用户—场景联合起来，做了江小白式的“我有一瓶酒，有话对你说”表达瓶，让那些身处在喧闹城市中的人们内心的孤独、急于向上的焦虑、强烈的自我表达欲，以江小白为媒介，来尽情地发泄和倾诉出来，让他们的身心获得释放。

在江小白津津乐道的营销方法中，有两点值得营销人学习：

（1）产品自身的沟通力。基于消费场景，消费者与产品能产生互动。

（2）产品自带社交属性。没有热点，自己就是热点。自己能制造话题，自带话题流量，引发大众的自我转发。

营销就是一场没有硝烟的战争，抢占市场的终极目的看似是抢流量，实则是抢人心。

目前营销进入多元的大竞争时代，单纯的产品，已难以形成核心竞争优势，更无法在成千上万个同类品类（牌）中获得首选位置。用户可选择的太多，以至于无法快速作出决策，导致产品也很难在第一时间占据消费者心智。所以，要想在市场上抢占先机，离不开战略营销。

战略营销的核心包括以下三个方面：

1. 抢占某一核心特性，与竞争品牌做明显区分

比如，有一家饮料公司推出一款含胡萝卜素的饮料，选择了运动饮料市场。运动饮料有三个市场，分别是运动前、运动中和运动后。运动前的市场被一些大品牌如红牛、东鹏占领。运动中的市场被脉动、宝矿力、尖叫、佳得乐占领。于是这家饮料公司选择了运动后腰酸背痛腿抽筋的市场，主打运动后喝了含胡萝卜素的饮料能快速恢复体力，缓解过度疲劳引起的身体酸痛等不适。这就是抢占核心特性的战略，从不同的赛道进入，可以找到自己的发力点。

2. 抢品类和抢顾客，与现有竞争品类做区分，以获得增量市场，避免同质竞争和价格战

例如“一整根人参水”的爆品营销方法，让其在不到两个月的时间里覆盖了全国各大区域的便利店，单日卖爆 1 万瓶。这款饮料坚持单品策略，用单品直接对标“年轻人养生”这一典型场景，既有社会情绪又有社会话题。蕴藏在广大用户脑海当中的“养生”这一强大的母体原动力，直接转化为“一整根人参水”的可视化产品，简单粗暴却非常有效地解决了养生需求品类问题。同时一个好名字加上视觉锤化的产品体现，打造了“1 瓶 =20 片干人参”的效果，为初创品牌快速占领市场打造了模板。

3. 借势营销

新品上市，借势造势，说到底是靠热点事件、名人大咖，甚至事件活动来吸引流量，是近年来企业比较常用的营销手段。一是因为热点事件本

身就是一天或几天中人们关注的，是谈论的焦点。二是因为热点事件可以促使流量产生自主的搜索行为。例如，张兰麻六记的借势营销就是典型案例，麻六记的爆红是张兰借助了用户对汪小菲和大S纠纷事件的关注，将撕逼事件的热度转化为自身商业品牌的知名度，利用明星事件不断创造内容，引发用户关注，并通过不断回应、反讽去保持用户对事件的关注，同时将用户引入私域阵地，再利用品牌知名度和促销活动，让围观群众一边吃瓜一边买货。

所以，占领市场的套路都是固定的，就是打造诱饵去引导用户关注，以达到推广引流的目的。

流量：人在哪里，生意就在哪里

品牌能够稳固地占据用户心智，是因为稳定的流量池，所以人们才有了“流量为王”的认知，就是只有拥有足够多的流量，才能带来可能多的用户，进而产生转化带来销售，销售 = 流量 × 转化率 × 客单价。传统的线下商场时代，坐拥一个交通便利、人流量大的黄金商铺是获得成功的重要条件。在电商时代，刚兴起时，进入电商赛道的人不多，可以用极低的成本换取巨大的流量。但随着各种商家的涌入，想要瓜分流量的人开始变多，电商红利期消失，想要获得更大的流量需要用各种付费推广的形式才可以，所以如今线上获得流量和线下获得流量变得都不太容易。

不论是大品牌还是小品牌，流量的来源大同小异。

流量的来源一般有以下几个方面：

1. 广告

这是大部分人都知道的流量来源，花钱投放广告，能够直接带来流量，这属于效果广告，打知名度让用户自己找来的叫品牌广告。广告带来的流量立竿见影，但缺点也非常明显，就是成本较高。两个同行品牌，以相同的预算、一样的营销方式打广告，拥有消费者认可度的品牌，即品牌力，流量及转化率要比没有品牌认可度的高 10 倍以上，可见，人心才是最高级的流量算法，而不仅仅是广告。所以，根据自己的产品需要是做快速的效果广告，还是去做可持续发展的品牌广告，两种不同的广告，带来的效果也不同，效果广告适合在做促销的时候使用，而品牌广告是要告诉客户你的产品能解决什么问题，是为了沉淀用户而做的长期广告。

2. 渠道

营销包含四个要素，即产品、价格、渠道和推广。渠道作为四要素之一，足见其重要性。渠道模式分为两种，一种是由生产者直接把产品销售给最终用户的营销渠道，属于直接分销渠道，也称为直销。另一种是至少包含一个中间商的营销渠道，是间接的分销渠道，也就是品牌的分销商，比如饮料酒水等要进商超渠道，App 要进应用市场渠道，找到你的产品所在行业已有的渠道，然后进行布局，流量也就不请自来了。前提是，你是否已经有了这些渠道资源，同样也需要付出一定的成本，无论是进场费还是按销量进行分成。渠道流量中比较典型的是地段流量，一个沿街的店铺，它的渠道就是这条街，这条街上过往的人就都是免费的流量，所以，店铺要尽量在人流量多的地方，这样就能吸引更多的人进店，提高变现率。卖场和商超也有巨大的流量，企业要研究渠道终端的流量转换，建立货架的战场思维，获取陈列优势，以能促进销售的方式为中心，尽量多地陈列，集中陈列，以此加快加大流量的转换，充分利用好渠道流量。

3. 公关

公关就是我们常说的事件营销或热点营销，即通过策划一个具有讨论性的事件，形成爆发式的传播，是很多初创企业实现破圈儿、获得关注和引流的方法。它成本较低，能起到以小博大的效果，是很多企业最爱的获取流量的方式。例如，小罐茶，以“记在心里的名字，感谢——”为核心主题所打造的事件就引起了不少人的讨论，具体内容就是用手写下要感谢的人的名字，然后拍一支 1 个小时时长的影片，通过这样的内容既可以引起用户的注意，同时又能够间接地传达出品牌的心意。

4. 私域

追溯私域流量源头，最早源于淘宝店主和微商，比如微商的多级代理和朋友圈卖货，方法虽简单直接，但却抓住了那个时候个人微信号的红利。这些被自由支配的一个个的微信号，就是自己的私域流量。再后来，很多淘宝店主开始往个人微信号导流量，有不少淘宝商家会在快递包裹中塞入一张微信送红包的小卡片，直接引导消费者添加微信个人号，然后送 2~5 元的现金红包，这就是非常典型的私域流量引流方式。私域不是拉群和建小圈子，私域的核心是信任，就是用户对你的信任，无论你卖什么都会支持你，每个创业者都可以通过自己的粉丝去建立自己的超级用户。这个工作做好了，对于初创品牌的流量获取具有非常大的帮助。比如，某宝的流量来自便宜，某东的流量来自物流快，这都是大平台给消费者传递的信任感，从而让品牌自带可持续的流量，不可被取代。

5. 口碑

用心打造一个产品或服务，然后在某个特定的场景中，切中某一个用户的痛点，形成好的口碑，进而口口相传，带来流量。产品做得好，人就会自发传播，形成最可靠、最精准的流量。用户对于产品的口碑是不可逆转的。一旦产品出现问题，用户对产品的信心就会大幅减少。好的体验会有好的口碑裂变，坏的体验会有坏的影响，这个不得不重视。因为无论是产品还是生意，一个很重要的工作就是通过营销把产品推出去，让更多的人知道。但是现在的传播环境和过去不太一样了。过去主要就是线上、线下各种媒体投放。但是现在是人人实时互联的时代，人的力量在传播的过程中变得越来越重要，所以想要做好营销传播，就必须借助人的力量，这样才能用最低的成本，得到最好的效果。口头传播和传统的营销广告相比，有两个非常明显的好处，第一个好处是更自然，这个很明显，我们日常生活中向别人推荐东西，比电视上或者媒体推送的那些广告要来得自然得多；第二个是更有目的性，更精准，我们平常生活中要向别人推荐东西，肯定是了解他有某方面的需求，或者自认为他有某方面的需求的时候才会向他推荐。

第四章　打造支撑爆品的营销体系

把产品卖给精准（种子）用户

新产品直接花钱做推广的成本一般比较高，但如果先找到种子用户，通过不断地维系种子用户，获得口碑和势能的积累后，再去做推广，效果就会好得多，也可以获得很好的用户增长。种子用户一般指回头客或老客户，是活跃度高、值得信赖的人，他们本身对产品的品牌就有基础的信任。这部分用户在导入私域时的难度不大，可以利用朋友圈宣发、一对一私聊等常用形式触达用户，引导用户入群，强化用户与产品之间的强连接，提供更多高附加值服务，吸引用户持续购买或推荐新用户购买。

一般来说，零售企业和门店可以通过 3 种方法对用户进行筛选，具体如下：

（1）针对用户的某一核心需求，举行与之相关的主题活动来吸引该类用户，并将这部分用户聚集在一个社群内。

（2）把自己的亲戚朋友变成你的用户，并将他们都拉入社群。这不仅可以增加社群的人数，提高社群中产品和服务的总体口碑，而且因为这部分人都是熟人，所以你可以从他们那里获取一些客观的反馈和建议。

（3）在培养了一批种子用户之后，通过各种活动，让老用户带新用户入群，快速增加种子用户的数量。

种子用户即在产品早期，对于产品的传播、优化有一定贡献的群体。他们的特征是乐于接受新事物，有强需求，能忍受产品的一定的缺陷，愿意为产品主动宣传，对产品有较高的黏度，愿意反馈问题等。他们的作用是能够在产品早期快速验证产品需求，以较小的成本宣传产品，提供与产品交互、用后体验的建议等。一般可以通过媒体平台、社交平台、问答社区、行业大会宣传等途径寻找这些早期用户。

种子用户最接近产品的初始定位，并直接影响着产品日后的口碑传播及辐射范围。种子用户的获取方式和渠道与产品定位息息相关，产品推广的难度跟定位的精确度成反比。一个产品定位越精确，推广的难度就越低，因为如果产品所要解决的是某一个细分群体的某个具体需求，那么只要找准目标用户聚集的渠道，就能高效且快捷地找到他们。定位要解决的三个关键问题如下：

（1）对谁而言（谁是你的客户），也就是目标人群定位。定位的工作相当于给用户打标签，而这些标签的组合可以大致地告诉我们目标用户是什么“样子”的。（2）我是什么（自己的品牌类别）。定义品类是所有市场推广的第一步，不定义品类就没有办法定义市场。（3）给你什么（能给客户带去什么）。也就是能够为客户解决哪些痛点。

品牌要想变现，第一步是要知道谁是花钱买你产品的人，这是非常关键的一步。寻找种子用户的渠道很多，具体如下：

1. 竞争品平台

对标公司广告页面、App 商场排行等，竞争品广告在哪里，用户就在哪里，因此可以搜索同行信息、同行内容评论引导、竞品群潜伏添加等。

2. 线下推广活动

例如地推型的商务用户，主要通过线下活动、线下商务对接来完成流量的获取。

3. 各类媒体平台

如社区、论坛、微博、知乎等。

4. 内容平台

如公众号、文件、学习课程等相关行业资料，公司内部资源整合，公司官网、App 等曝光互推，全体员工协助转发等。

把第一批用户拉来容易，怎么留住他们是关键。具体留住种子用户的方法有以下几种：

1. 用奖励收买用户

针对首批用户可以得到优惠政策或特殊权限，例如小米公司对抢到预约码的用户，都可以更低廉的价格购买小米手机，这样会使第一批用户产生积极的参与和购买欲望。例如茅台酒在平台上设置了“小茅探索”“小茅学酿酒”“小茅带你去旅行”等来吸引年轻的消费者，只要在 App 中完成任务就有机会兑换茅台。

2. 用内容吸引客户

对于新用户来说，对产品和品牌还没有形成情感关系，因此要靠产品内容和创新场景与客户产生互动，进而逐渐打造与用户的关系链。品牌可以通过讲故事、做小视频，甚至在影视中植入广告等方式塑造内容和形象，以此吸引客户。

3. 用真诚打动客户

对首批客户对产品的体验和反馈表示感谢，包括对每一个种子用户的参与、意见和建议表示感激，因为培养种子用户的过程也是考验开发者耐心的过程，同时更是传递品牌价值观的过程，越真诚的品牌越能让用户心动，最后产生共鸣愿意帮着宣传。先服务好一小拨人，形成一个小范围的圈子，再不断地去扩展。所以，刚开始的时候，要想尽办法让种子用户保持他们的忠诚度，让他们能发自内心地去给产品做宣传破圈，然后不断创新、接收反馈，实现持续改进。

研究风口、痛点与数据

营销要研究风口、痛点与数据，了解自己品牌的不足，了解市场和消费者，实现知己知彼。有效的营销最重要的元素之一是了解你的品牌市场、客户角色和数据分析，也就是要详细了解行业政策、用户群体、企业自身和竞争环境等。

行业政策代表天时。国家对这个行业的政策是否扶持鼓励，决定了这个行业的天花板。消费群体是地利。消费者的需求是一切产品和品牌的坚实基础，肥沃的土壤是结出丰硕果实的前提。企业自身是“己”。做市场要对企业自身的条件和资源禀赋有充分的自我认知。竞争环境是“彼”。在市场中，同一需求会有多种产品来满足，同一种产品会有多个品牌，要对竞争对手的产品与品牌有充分的了解，才能做好自己的产品和品牌来更好地满足消费者的需求。做到了上述这些，才能让品牌更好地切入市场，让营销有效展开。

以家具行业中的沙发品类为例：其风口和痛点是消费者对于沙发材质的需求，主要体现为“实木”“布艺”“真皮”“花梨”四大材质；对子品类的需求主要是“懒人沙发”和“沙发床”，品牌有顾家家居、左右沙发、全友家居、联邦米尼、双虎家私等。这说明沙发中品牌营销做得好的企业已经占据了一定的市场，因此如果是新的沙发品牌，企业在该品类打造品牌时需要找到更加差异化的营销手段。比如，针对年轻消费者主打“轻奢风”的沙发或针对老年消费者主打“无异味”的沙发，就可能是新品牌的机会和卖点。

以白酒行业营销为例：白酒品类营销的风口在于线上和线下的渠道融合，主力消费人群逐渐年轻化，越来越多的创意内容冲击着消费者的感官，正在倒逼越来越多的传统企业加速转型。酒类营销也面临全方位的变革，从广告驱动、渠道力驱动向价值驱动进化，不仅扩大了国内酒类品牌的受众，更为拉动品牌增长带来了新机遇。痛点方面，白酒主力消费群体从“60后”、“70后”向“80后”、“90后”人群过渡，其消费需求、消费理念和消费渠道也相应发生了变化，致使越来越多的酒企销售关注度开始从B端向C端转移。面临“消费断层”，如何通过品牌营销升级吸引消费者，实现价值增长，成为白酒营销的首要痛点。消费碎片化、社群化明显，根据兴趣爱好、态度和价值观实现定制化消费体验成为趋势。比如江小白定位消费者为“小资一代”人群的受众虽不宽，但却不妨碍企业很好地活下来。小而美也是一种很好的生活方式，关键是自己看得清、不盲目。白酒的营销渠道除了烟酒店和商超之外，还有线上综合电商平台、垂直电商平台以及微店、小程序等，销售渠道从单一主渠道向多元化渠道发展。

通过以上两个品类的举例不难看出，所谓研究风口、痛点与数据，就是要了解你的品牌所处的大环境，以及你的潜在客户正在遭遇的具体问题。了解了风口和痛点后，可以引导你如何将产品的定位方向转变到你的潜在客户所面临的问题上，并对潜在客户所遇到的问题表示同情，让他们感觉你很重视他们。

知道了风口和痛点之后，下一步就是对数据的利用。21 世纪是一个信息化的时代。在商业营销中，谁掌握了大数据技术，谁就能够胜人一筹，但能够真正做到合理利用数据并为其自身创造商业价值的却不多，不是因为需要的数据太少，而是不知道如何从那些并不起眼的数据中找到想要的信息，正确实现数字化营销。

数字化营销能够帮助实体店升级转型、低成本却高效精准地获客，是一种新型的营销方式。消费主权和技术赋能时代、大数据技术与智能化的提升与融合，使得数据管理、数据分析和数据共享成为实体门店为用户提供更好服务的关键。

实体门店通过潜在客户和目标客户的历史消费数据及其他信息，能够形成包括年龄、职业、消费能力等内容在内的准确用户画像，从而在“关键需求”这个点上作出更准确的决策，为用户提供更好的专属个性化服务。然后，利用这些经过深度挖掘、分析的大数据，为实体店后期的营销选择更合适的平台，从而达到精准营销。

从早期的用户开始转化，形成闭环

当下所处的时代是一个信息爆炸的时代，人与人之间的信息传播也呈现出爆炸式提升。任何一个产品或服务，对于用户的维护都相当重要，用户就是流量，流量就会带来收益，其中早期用户的维护是重中之重。

直接花钱做推广的成本较高，但如果通过对早期用户的转化，不断维系种子用户，积累口碑和热能，然后再去做推广，效果就会好很多，可以获得持续的用户增长，最终形成营销的商业闭环。

想要转化早期用户，需要做到两点：一是建立强信任和强互动关系，二是提供超出预期的体验。要和早期的种子用户持续互动，他们才愿意提供反馈，尤其是产品初期，用户不一定能得到很好的体验，需要与用户建立很强的信任关系，才能让他们乐于互动。

以小米手机为例，在小米的论坛上，用户只要反馈，运营人员就会第一时间对反馈作出回应，并在一周内确认解决问题，而后实时向全论坛更新问题的解决情况，这些反馈对所有人都可见，由此让人对小米品牌的好感度和信任度得到提升。

想要转化种子用户，就应该给种子用户以口头的感谢或小福利，如果公司的预算充足，就可以设立明确的奖励机制，一旦公司有优惠和福利活动，要优先通知种子用户。此外，在对种子用户进行转化评估时，要看种子用户的配合度，如果对方配合得不是很好，要思考是什么原因造成的，是自己的产品不好还是服务和沟通有问题。对于转化没有多大价值的用户，要学会放弃。不要盲目进行社群化，虽然把种子用户拉在一起对维护种子用户可以起到作用，但一定要有合理的边界，不要动不动就建很多群，一般这样的群开始挺活跃，过一段时间就沉默了，最后解散。因此可以尝试从自身出发，建立圈层。

以白酒营销为例，品牌可以依据消费者年龄、职业、喜好，聚合成不同的圈子，尤其中高档白酒更适合圈层营销。如水井坊与“APEC 中国之夜”的合作中，聚集国内顶级政商精英人士，以影响国内外精英圈层来实现价值最大化，这是水井坊当时为自己铺垫下的圈层人群定位。泸州老窖、洋河蓝色经典、国台酒等品牌，都不同程度地进行过圈层营销尝试。对于白酒品牌的圈层营销，其根本还是在于有效聚粉。比如，贵州二十一响礼炮酒，正是因为时尚与传统、中西方艺术设计风格相结合的包装、独创的“双酱香型”品类和卓越的品质，而获得了中国酿酒工业协会授予的“中国白酒创新技术典范”大奖，从而获得了被小众核心圈层认可的品牌领导地位。再比如，江小白，一个横空出世的产品，走了一条和二十一响礼炮酒相似的路，同样获得了成功。它没有从白酒巨头的嘴里“抢肉吃”，放弃了传统卖香型、卖风味，也不比拼巨大的投入实力，而是定位成了集聚传播势能的小众产品，它的口感就偏向了特殊人群，但恰恰是这批特殊人群，带来了无尽的传播能量。所以，营销产品，可以在开始时先将一批有传播力的人群作为目标人群。

要想让客户对我们的产品或服务感兴趣，首先就要让客户感受到我们能够为他带来的价值。而这个价值可以是解决他的实际问题，或为他带来与众不同的服务，让他收获到意想不到的惊喜。

要想实现精准转化，产品就一定不是满足所有人的需求，而是只满足一部分人的需求，让小众尖叫，让他们成为铁杆粉丝，对产品产生绝对的忠诚度，另外，产品要有传播属性，才能让种子用户的力量得到充分发挥。若有 100 个种子用户成为产品的真爱用户，它便是引爆的基础，也是产生千万销量的基础。

在对种子用户转化方面，有一个案例值得参考：

乐纯酸奶最初只是一个仅有 35 平方米的小店，但它仅用了一年的时间便发展到了全国将近 100 个城市，2 年多将一瓶酸奶打造成了 10 亿新品牌。取得如此大的成功，乐纯围绕用户主要做了如下转化工作：

（1）对新产品不断迭代和更新；

（2）加大品牌宣传和塑形的内容运营；

（3）进行产品推广和传播内容制作以促进用户增长；

（4）打造一系列活动，与用户产生交互，让用户参与和反馈；

（5）实现线上和线下店的运营与服务，增强用户体验。

所有一切都围绕用户展开，让用户参与到各个环节，从研发、产品定价、包装设计到新品推出，完全颠覆渠道思维。每次新品上市前，他们都会征询用户的意见，比如有一款榴梿酸奶就是因为有坚定的榴梿爱好者的提议。从研发到上市，乐纯酸奶要经历 10 次以上的用户试吃迭代，听取用户的建议和反馈。乐纯团队在研发出新品后，会招募试吃团队，最终在用户的集体助力下，推出一款大受欢迎的酸奶，销量可观。可见，在新品开创初期，需要做的最重要的一件事就是：要一个一个地得到种子顾客的认可，他们就相当于产品的第一批投资人、第一批广告人，他们的口碑有能够使一个产品变为爆款的可能。

所以，想要从早期的用户开始转化，最终形成口碑宣传，打造营销闭环，离不开用户的支持。而对于产品推出方来说，只要在同类品牌中多花一点心思，给用户带去多一些感动，用户就会记住你。

从早期用户到规模用户，实现裂变增长

在产品营销中，当实现了早期用户的转化之后，下一步就是用户拉新和留存，实现规模用户，最终带来营销的裂变增长。

任何裂变的技巧都差不多，首先是精准定位用户群，输出高质量的内容；其次是通过数据化运营和管理，进行用户拉新和留存，最终达到裂变的目的。

存量找增量是进行营销裂变的关键，也就是借助种子用户的力量去发展新用户。一般来说，通过检索和进群，以及广告投放、试用品、小礼品等方式，可以积累一大批种子用户。通过用户画像，精准识别目标客户，然后再用这些种子用户去吸引新用户，通过存量和增量的转化引爆市场。种子用户的基数越大，增加的新用户才会越多。所以，作为存量的种子用

户才是裂变成功的“法宝”。以“帆书”App为例：樊登从创业之初靠的就是通过对精准用户的裂变而最终实现了规模用户，打造了以读书为专业的商业闭环。樊登在回顾创业初衷的时候说了两件触动他的事：一件是有个房产商没时间读书，雇别人读书给他听；另一件是关于他的，因为读书多，喜欢读书，所以他身边有很多朋友和听过他讲课的学生，经常找他开书单，请他推荐一些书来读。樊登从中发现了巨大的商机：既然这么多人想读书，却没有时间或者毅力坚持读书，我干脆做一个解读者或者领读人，带着大家一起读书多好。2013年，樊登尝试创建了一个微信群，在群里给听众讲书，愿意听的人付费进群，第一天进来500人，第二天就变成两个群。就这样，樊登读书会有了最初的种子用户。樊登对内容付费经济有着清晰的洞察，他曾说过，“从一开始，我们就觉得内容收费不是靠用户自觉的，应该靠朋友推荐或者他人推荐”。于是，樊登读书跟核心用户深度捆绑在一起，更好地驱动他们加速品牌和社群的裂变推广。与传统经销体系不同的是，他们与樊登读书会之间不仅仅是一种代理和商业合作的关系，还有一种狂热的情感在里面。他们崇尚樊登的学识，认同樊登读书会的价值观，并且每个人都从中获益过，愿意将自己的感受和体验分享给他人。于是，从最初的1000多早期用户裂变成了规模用户，成就了樊登读书。

所以，品牌营销要实现持续性增长，离不开裂变。进行裂变活动的几个要素如下：

首先，裂变活动前的准备工作。

1. 明确活动目的

举办活动的目的是引流、涨粉还是卖产品，抑或是追求产品的单纯曝光率？这就是活动的目的。确定了目的，才能更有针对性。裂变活动有两个核心目的，一是涨粉，二是引流给售卖的产品、课程或店铺进行曝光引流，促进销售转化。可以是线上 App 引流，也可以是线下门店引流，很少有品牌单纯为了曝光而去做裂变活动，因为在裂变的所有环节，品牌都是在进行曝光。

2. 确定活动奖品

想要吸引用户离不开奖品，奖品可以是产品本身，也可以是优惠券或其他。无论是卖产品还是卖课程，奖品一定要诱人，能够帮助用户解决各种问题，或者能给用户带去好处、超低价享受服务等。

3. 梳理活动流程

活动从一开始就要明确流程，比如用户如何参与活动、如何分享、如何领奖等。流程中的每一个环节都要精心设计，但是不变的都是你必须分享给好友或你的种子用户，一定数量的用户帮你助力才能完成任务，最后落到某个点上领奖。

4. 选择工具配合

所用的工具是自己开发的还是市场上的。例如，有做任务的工具，有进群的工具，有做游戏的工具，具体需要根据自己的产品属性选择不同的工具。

5. 设计裂变海报

首先，海报是活动最有效的传播工具，优秀的海报等于让品牌宣传成功了 70%，所以，海报的设计要重点花心思。海报上要有能帮助用户解决问题的醒目标题，比如快速提升技能、享受超低价服务或权威机构背书等。

其次，确定裂变诱饵。裂变诱饵不能只是用户拉新的福利补贴，有的时候好的创意内容、创新情景以及一些有趣的玩法，都可能成为裂变的诱饵。在福利的诱导下加入一些创意作为分享催化，更容易与用户产生情感上的共鸣，撬动用户进行分享，从而获得流量。

最后，进行流程复盘和数据拆解。裂变活动结束后要及时进行流程复盘和数据拆解，每一个环节的数据统计都能够帮助企业计算出平均获客成本、总增量、净增量、转化率等关键数据指标，找到流失最大的环节。裂变只是增长的开始，之后更需要关注的是激活、留存与转化。

1. 用户真实想要

从企业的产品中选择平价或销量较好的产品作为爆款提供给用户，得到用户的数据反馈，这样既可以持续增加产品的曝光率，也可以对目标用户进行引流。

2. 与品牌产品相关

裂变的用户都是跟你品牌产品相关的，才能够成为你品牌产品的终身客户。如果你是卖书的，给客户赠送的裂变诱饵是水果，赠送的诱饵越多，参与的人就越多，活动也就越火爆，但归根结底，用户是冲着免费的水果来的，跟你的产品没有产生连接。

3. 真实可提供

活动要真实有效，赠送的任何福利都要到位。做一场活动是对自己品牌价值的一次塑造，如果是虚假宣传搞噱头，那么不但不会得到用户的好感，反而会起到相反的作用。所以，在活动之前就要做好相应预算，不要为了节省成本而欺骗用户。

4. 成本低，数量多

裂变诱饵在成本可控的范围内去追求价值。赠品可以是实物也可以是虚拟产品，赠送的成本不宜过高也不宜过低。裂变活动中的一些细节问题需要在执行中不断优化，作好风险控制，防止意外导致活动失败。

第五章　裂变开始：企业的自身修炼

定位：卖什么，卖给谁

定位的概念是如何让你的品牌在客户的认知中感觉与众不同，从而接受、喜欢你的品牌并成为忠实用户。定位从产品开始，可以是一件商品、一项服务、一个企业、一个机构，也可以是一个人。定位最终要解决两个核心——卖什么，卖给谁。卖什么决定你卖的东西和同类产品有哪些不同，卖给谁就是买你的产品的是哪些人。不是市场上所有的消费者都属于你，任何品牌只需要选择属于自己的消费者，维护好他们，就能让品牌得到长久发展。

企业不是服务所有人，只服务于目标消费群体。除非你的企业规模越来越大的时候，我们才能提供更多的服务给更多的目标群体，而目标消费群体的共同特点是什么，需要企业去提炼。

品牌定位做得好，就能在消费者心中形成根深蒂固的认知。比如，用户需要去头屑，就立即想到海飞丝；需要吃东西不上火，就会想到王老吉；

想吃方便面，就会想到康师傅；需要纯牛奶，就会想到蒙牛特仑苏；等等。王老吉最早只是“凉茶”，而有了核心的“怕上火喝王老吉”后，定位就变成了“预防上火”的功能饮料。蒙牛最初只是普通的牛奶，但推出“不是所有牛奶都叫特仑苏”后就变成了“高端牛奶”的代名词，与其他牛奶划清了界限。特仑苏的“高端”，既包含了实用主义的产品至上，也满足了人们精神层面的追求，而这显然是更具有普适性的定位。

很多品牌没有占领城市份额，其原因在于定位不准，企业没有把注意力放在预期客户身上，最终导致客户丢失。企业没有了客户，就意味着产品没有了市场。没有了市场，企业还怎么生存呢?

以“中国泸州施可富大曲酒”为例，20 世纪 50 年代，中国泸州施可富大曲就已经向海外出口，并在国际市场上占据了一席之地，并且在国际上享有盛誉。但 2003 年，施可富投入重金，以“追梦人”为产品命名，结果不到两年便一败涂地。“追梦人”失败的原因在于，高端酒的消费人群多在 30~55 岁之间，这个群体既有经济基础又很务实，过了追求新鲜、刺激、追梦的年龄；把酒定位为“追梦人”的价值取向，消费人群应该是 25 岁以下的年轻人。所以品牌的定位偏离了消费者和市场，最终导致失败。“追梦”的价值诉求显然无法引起目标消费群体的心理共鸣和认同。换句话说，“追梦人”酒在命名开始就注定了失败的命运。

对于企业来说，其核心首先是定位，是在消费者心中建立起独特的价值认知，并让产品与消费者的价值观相匹配。

以米勒啤酒重新定位“海雷夫”为例：米勒啤酒公司在美国啤酒业排名第八，市场份额仅为 8%，与百威、蓝带等知名品牌相距甚远。为了改变这种现状，米勒公司决定采取积极进攻的市场战略。他们进行了市场调查。通过调查发现，若按使用率对啤酒市场进行细分，啤酒饮用者可细分为轻度饮用者和重度饮用者，而前者人数虽多，但饮用量却只有后者的八分之一。他们还发现，重度饮用者有着以下特征：多是蓝领阶层；每天看电视 3 个小时以上；爱好体育运动。于是米勒公司决定把目标市场定在重度使用者身上，果断对“海雷夫”啤酒进行重新定位。重新定位从广告开始。他们在电视台特约了一个《米勒天地》栏目，广告主题变成了“你有多少时间，我们就有多少啤酒”，以吸引那些“啤酒坛子”。广告画面中出现的尽是些激动人心的场面：船员们神情专注地在迷雾中驾驶轮船，年轻人骑着摩托冲下陡坡，钻井工人奋力止住井喷等，且每个场景也都配有人们激情喝“海雷夫”的画面。经过重新定位，结果，“海雷夫”取得了很大的成功。到 1978 年，这个牌子的啤酒年销售量达 2000 万箱，仅次于 AB 公司的百威啤酒，在美国名列第二。

用最简单的理解，品牌只有把产品卖出新意，卖给需要的人和对的人，才能卖出该有的量和价，这就是品牌定位。

同样是卖水，农夫山泉卖“有点甜”的泉水，秉承的理念是“大自然的搬运工”。

同样是卖咖啡，瑞幸“不卖空间”，秉承的理念是“你喝的是咖啡，还是咖啡馆？你不需要为空间付费”。

同样卖饮料，元气森林卖的是“零糖零脂零卡”，理念是“健康软饮”。

这些都是定位的魅力，正是因为这些不同的定位，让产品很快占领了市场，成为新消费市场上的宠儿。

所以，定位就是在众多同类品牌中找到自己的细分领域，也是在众多消费者中找到属于自己的消费者。

每一个消费者群就是一个细分市场，每一个细分市场都是由具有类似需求倾向的消费者构成的群体。

地理细分：国家、地区、城市、农村、气候、地形。

人口细分：年龄、性别、职业、收入、教育、家庭人口、家庭类型、家庭生命周期、国籍、民族、宗教、社会阶层。

心理细分：社会阶层、生活方式、个性。

行为细分：时机、追求利益、使用者地位、产品使用率、忠诚度、购买准备阶段、态度。

品牌定位一定要摸准顾客的心理，唤起他们内心的需要，这是品牌定位的重点。所以，品牌定位的关键是占据消费者心智。企业品牌要想取得强有力的市场地位，就应该具有一个或几个特征，让产品看上去好像是市场上唯一的。这种差异可以表现在许多方面，如质量、价格、技术、包装、售后服务等，甚至还可以是脱离产品本身的某种想象出来的概念。

品类策略：畅销+长销的原理

品类营销是指将品牌所有的商品进行分类管理，利用商品与用户进行沟通，通过品牌资源进行短期场景包装及中长期商品策略规划，高效触达用户购买链路中的核心场景，提高商品成交转化，给公司带来业绩增长及品牌形象的提升。

九阳开创豆浆机品类，用10年把豆浆机品类做到了30亿元。格力坚持只做空调品类，把自己打造成了世界级大企业。格兰仕专注微波炉品类，成为世界级微波炉品类的领军企业。加多宝开创凉茶品类，将自己打造成了凉茶品类第一品牌。

品类营销是一种针对特定产品或服务类别的市场营销策略，它的目的是通过针对特定的消费者需求和偏好来推广与销售产品或服务。品类营销通常涉及对产品或服务的定位、定价、促销和广告等方面的策略制定。

品类营销的关键是了解目标消费者的需求和偏好，以及竞争对手的策略和市场地位，这样可以帮助企业确定如何定位自己的产品或服务，以及如何在市场上与竞争对手区分开来。

品类营销的优点是可以帮助企业更好地了解消费者需求和市场趋势，从而更好地满足消费者需求，提高销售额和市场份额。同时，品类营销还可以帮助企业建立品牌形象和品牌忠诚度，提高客户满意度与口碑。

新品类这个词，最近几年频频出现。所谓品类，本来是指将类似产品组成小组和类别；而新品类是在原有的产品类别中或在它的周边开辟一个新的品类来经营。

例如，牛奶行业从利乐枕包装到利乐砖包装，再到PET瓶装奶包装材料的变化，每一次包装的变化都诞生了一个伟大的产品品类。酒的品类可以分为普通光瓶酒、盒装酒、罐装酒、坛装酒等。如从酿造上分为桂花酒、人参酒、金银花酒、绿豆大曲等；从味道上分为酱香型、清香型、浓香型、干香型、特香型等；茶饮料行业的红茶、绿茶产品细分；奶制品行业分为酸奶、巧克力奶等。这些都属于品类的创新营销。

品牌里面的品类繁多，可以选择几个主打款进行爆款打造，而剩下的可以通过创新品类进行畅销设计。

没有品类占位的部分企业将面临消亡，没有个性的品牌、没有根基的品牌将停滞不前。品类占位机会被广泛认识，行业大品类基础下的品类细分主导行业发展。

同一品类下还有等级之分，一级品类对应的是基础的、简单的、大的需求，二级、三级及以下品类往往解决的是更复杂、更精细化的问题。例如，贵州茅台集团健康产业公司在大健康领域坚守绿色健康理念催生茅鹿源健康白酒；劲酒坚守保健酒领域，催生健康白酒毛铺苦荞品牌；贵州花酒酒业有限公司坚守纯鲜花酿酒民族技艺，催生黔莼花贵州花香型健康白酒，这些品类创新都给我们带来了有价值的思考。如今，茅台酒已经将喝茅台酒健康的印象印入消费者心中，很多人就是这么认为的，所以茅台在白酒行业的地位雷打不动。虽然其他的品牌酒也宣称浓香酒或清香酒健康，但是，只有茅台打出了酱香酒健康的品牌，还成功地占据了消费者的心智，所以这就是品类营销的重要性。

里斯与劳拉·里斯共同推出的《品牌之源》一书中，揭示了商业界竞争规律与自然界竞争规律的共通之处。而品类，正是商业界的物种，是隐藏在品牌背后的关键力量，以此宣告人们对营销的认识从品牌进入了品类时代。

在未来的市场竞争中，马太效应越发明显。消费者脑海中所能记住的品牌不会超过 5 个，实际选择的品牌不是第一就是第二。如果你是第一，就继续保持，其余不是第一的品牌都可以奔着品类第二去做。

品类营销策略，不仅取决于前面的品类设计，还有后续关于品类的运营，包括市场调研、产品策划、销售推广、渠道管理、库存控制、售后服务等方面。品类运营的目标是提高品类的销售额和市场占有率，同时保证产品质量和客户满意度。

品类运营需要具备以下能力：

（1）市场分析能力。了解市场需求和竞争情况，制定合理的产品策略和销售策略。

（2）产品策划能力。根据市场需求和竞争情况，制定产品规划和开发计划，确保产品质量和竞争力。

（3）销售推广能力。制订销售计划和推广方案，提高产品知名度和销售额。

（4）渠道管理能力。建立和管理销售渠道，确保产品能够顺利进入市场。

（5）库存控制能力。合理控制库存，避免过多的库存积压和滞销。

（6）售后服务能力。提供优质的售后服务，增强客户满意度和忠诚度。

品类运营的重点是在市场需求和竞争情况的基础上，制定合理的产品策略和销售策略，同时注重产品质量和客户满意度，以提高品类的销售额和市场占有率。

品牌差异化：打造错位营销

品牌差异化定位是指企业在市场竞争中通过独特的品牌形象和特色，让自己与竞争对手区别开来，从而获得更高的市场份额和利润。品牌差异化定位的目的是让消费者对企业的产品或服务产生认同感和忠诚度，从而提高品牌的竞争力和市场地位。

品牌差异化定位的关键在于找到与竞争对手不同的特点和优势，并将其转化为品牌形象和市场营销策略。这些特点可以是产品的功能、质量、设计、价格等，也可以是企业的文化、价值观、服务理念等。通过差异化定位，企业可以在消费者心中建立起独特的品牌形象和认知，从而提高品牌的价值和影响力。

品牌差异化定位需要企业进行深入的市场调研和分析，了解消费者的需求和偏好，掌握竞争对手的优势和劣势，找到自己的定位点和市场机会。同时，企业需要制定具体的品牌策略和营销计划，包括品牌定位、品牌形象设计、产品开发、渠道建设、促销活动等，以实现品牌差异化定位的目标。品牌差异化营销是指企业通过在产品、服务、形象、文化等方面与竞争对手形成差异化，从而在市场上获得竞争优势的一种营销策略。品牌差异化营销的目的是让消费者在众多竞争品牌中选择自己的品牌，从而提高品牌的知名度和市场份额。

品牌差异化营销的实现需要从以下几个方面入手。

1. 产品差异化

通过产品的设计、功能、质量、包装等方面与竞争对手形成差异化，从而满足消费者的不同需求，提高产品竞争力。

2. 服务差异化

通过提供优质的售前、售中、售后服务，满足消费者的个性化需求，提高品牌的信誉度和忠诚度。

3. 形象差异化

通过品牌的视觉形象、口号、广告等方面与竞争对手形成差异化，从而让消费者对品牌有更深刻的印象，提高品牌的知名度和认知度。

4. 文化差异化

通过企业的文化、价值观、社会责任等方面与竞争对手形成差异化，从而赢得消费者的认同和支持，提高品牌的社会形象和品牌价值。

品牌差异化营销是一项长期的工作，需要企业不断地进行创新和改进，才能在市场上保持竞争优势。

目前消费者的选择太多，产品同质化现象严重。产品的种类繁多还不至于让用户感到迷惑，最大的问题是产品没有区别。

A 啤酒说它的啤酒好喝，B 啤酒说自己的更好喝，C 啤酒说自己的还要好喝，于是客户就眼花了，不知道选哪个才好，感觉选择太多了。最后，客户选择了最便宜的那一种啤酒。这就是产品同质化带来的问题。当产品都一样时，客户进行选择的唯一依据就只有价格，客户会选择价格最低的那一个。为了生存，各企业只有拼命降价，于是企业就这样被拖入了价格战。价格战，刀刀见骨，打到最后，企业陷入困境：提价没人买，降价没钱赚。利润十分微薄，外部环境一旦发生改变，企业就只能在亏本经营和无人问津之间做痛苦的选择。

所以，想要在市场上占得一定份额，品牌营销要做的是品牌差异化，打造错位营销效果。

《与众不同》一书中是这样描述"差异化"的：差异化关乎品牌的生死存亡。消费者在众多选项中作出选择，常常是因为差异化。如果某个品牌具有明显的差异化，消费者能从理智上接受这种差异化，品牌就能在消费者心中留下深刻印象，所以必须给消费者一个选择你的理由。任何东西都能实现差异化，但是必须找到一个独一无二且有意义的差异点。有时品牌并没能找到真正的差异化。

例如，星巴克将"第三空间"概念引入咖啡店，创造了独立于家庭与办公室之外的社会空间，得益于此，星巴克长久以来霸占高端咖啡市场。而瑞幸则关注"第二空间"，选择了不太顶流的人做形象代言，并没有选择流量明星，意在打造更年轻化、更符合现代办公室文化调性的品质产品。同时，瑞幸的差异化打法极为密切，星巴克用绿色杯子，瑞幸就用蓝色杯子；星巴克主打线下商务，瑞幸就主打线上空间；星巴克营造的是个人对个人的商务会谈，瑞幸就关注白领用户的消费场景。瑞幸敢于关联对标星巴克的重点，又处处显示出与星巴克的不同，这就是瑞幸咖啡的差异化营销。

再比如，史玉柱操盘的黄金酒采用的就是错位营销手段。他避开了白酒操作中竞争最激烈的酒店渠道及保健酒中销量最大的小瓶酒市场，直取其最了解也最擅长的礼品市场。史玉柱借助其用脑白金、黄金搭档构建的礼品王国，通过视觉冲击，为消费者增加了选择的新产品。黄金酒既非传统意义上的白酒，更非真正的保健酒。说白了，史玉柱就是把它包装成一款新出的礼品而已！脑白金、黄金搭档销售多年，就算送礼者本人不疲劳，收礼的人也有点烦了。白酒市场每年都在更新，礼品市场同样需要更新。于是，史玉柱扛着保健的旗号，借助五粮液的威名，向着自己最擅长的领域——黄金酒出发了。分析史玉柱的选择，可以看出，不管是有意还是无意，至少在市场渠道和产品的选择上，他是把错位营销运用得很娴熟的人。不管黄金酒的运作最终是否能够成功，其产品错位、渠道错位及经销商错位的模式应该值得白酒行业和保健酒行业的人学习。

在市场竞争日益激烈的当下，新老品牌想要赢得市场份额，不能一味模仿，而是要通过“差异化”优势吸引消费者。在消费者的认知中，你的品牌传达的诉求是一样的，消费者认为你们的产品没有差别，这就是同质化。要避免同质化，就需要做差异化。差异化不是改善品牌的缺点，而是加强品牌的优点。品牌越发同质化的今天，要想做到差异化，除了在质量、价格和品类上下功夫外，还可以进行跨界合作，将不同行业、不同性质的元素融入品牌中。

产品包装：要实用更要体验

随着市场竞争的加剧，产品包装创新已经成为企业提高产品附加值、增强品牌竞争力的重要手段。消费者对于很多产品的购买，不再是冲着它的功能，而是冲着产品的逼格和感觉去的。一个产品的逼格和感觉不是在使用后才产生的，大部分是从外包装和宣传设计上来的。而这种逼格和故事的氛围一旦塑造成功，对产品的售价也会有影响。

好的事物总会让人停驻观赏。逛超市经过货架总会被其中的产品包装吸引停下脚步，甚至因为包装的精美把产品带回家。好的包装设计不仅要实用，更要让人产生体验和审美；不仅要从视觉上吸引特定的消费群体产生预期的购买行为，更要从心理上捕捉消费者的兴奋点与购买欲。

包装设计不仅仅是机械地将包装做出来，一定包含视觉包装和心理包装，一定是消费者视觉和心理的双重认同。产品的包装要和产品的优良品质相匹配，这样才能相得益彰、塑造品牌价值，好的产品包装甚至本身也是一个非常优秀的广告和一种宣传。

另外，需要注意的是，产品的包装需要让受众群体知道，你这到底是什么。不要明明是个面条，结果包装做得太创新，让人误以为是奶粉，这样的创新就是失败的。产品包装作为品牌识别要素的一部分，会引导消费者产生对品牌的延伸思考和联想，对后续的购买甚至是品牌旗下其他产品的购买产生影响。要知道，优质的包装是会说话的“销售员”。

比如，知厚·柑橘原浆白酒创意包装，外观就是一个硕大的柑橘形状，瓶身圆橘状、晶莹透明，瓶肩处非规则凸起，模拟柑橘外形，瓶盖设计成为连着柑橘的枝干，外面用橘橙色外包装，让其看上去惟妙惟肖，让消费者第一时间理解该产品的独特之处，达到更好的传播效益。在摘要酒·匠师版中，设计团队秉持着持续强化“书读经典，酒饮摘要”的品牌理念，在文人雅士的器物中寻觅到“文化笔”这样一个符号，将其应用在产品设计中，整体设计气质现代干净，在经典摘要的基础上进行了新的创作，是符合当代视觉语境下的酒类设计佳品。

再比如，一整根人参水饮料，整体包装策略值得学习。一整根人参水既是品牌名也是产品名，足够简单直接，算是一个简约不简单的好名字。瓶身采用透明玻璃瓶，让人一眼就能看到水中的一整根人参，比在包装上画出来更有说服力，玻璃瓶的材质有分量，质感比塑料瓶更好，更通透，这些都直接传递出了产品的价值。一整根人参水的瓶身字体颜色选择纯净的单黑色，陈列在五彩缤纷的饮料中，差异化立现，能够有效引起消费者的注意。

又比如，RIO 鸡尾酒就全靠它的包装。RIO 把瓶子的形状和包装设计得完全和别人不一样。而且彩色的鸡尾酒，红、黄、蓝、绿一大堆，好多瓶都放过期了都没人喝过，但是好看。这就是用它的包装做了它的形象。

在产品的包装设计方面，目前各行各业都在不断创新，以下是一些产品包装创新的案例：

1. 可重复使用的包装

一些企业开始采用可重复使用的包装，例如可折叠的购物袋、可重复使用的水瓶等。这种包装不仅能减少环境污染，还能提高品牌形象。

2. 环保包装

随着人们环保意识的提高，越来越多的企业开始采用环保包装，如可降解的塑料袋、纸质包装等。这种包装不仅能够减少环境污染，还能够提高品牌形象。

3. 个性化包装

一些企业开始采用个性化包装，如在包装上印上消费者的名字、照片等。这种包装能够提高消费者的归属感，增强品牌忠诚度。

4. 互动包装

一些企业开始采用互动包装，如在包装上加上二维码、AR 技术等，让消费者可以通过扫描包装上的二维码或者使用 AR 技术获取更多的产品信息。这种包装能够提高消费者的参与度，增强品牌体验。

5. 创意包装

一些企业开始采用创意包装，如在包装上加上有趣的图案、文字等。这种包装能够吸引消费者的眼球，增强品牌记忆度。

总之，产品包装创新能够提高产品附加值，增强品牌竞争力，因此企业应该积极探索和尝试各种创新的包装方式。

视觉锤：让品牌识别更快

视觉锤概念是在品牌定位的基础上由作家劳拉·里斯在《视觉锤》一书中提出的，她说定位就是一颗钉子，是一颗语言的钉子。那么这颗钉子怎么才能进入到消费者的脑海当中呢？靠的是什么呢？是铁锤。人都是感性的动物，在感性情绪占主导地位的时候才会愿意花钱买东西。所以，想办法用感性的视觉铁锤，把理性定位的钉子砸到消费者的脑海当中去，这就是视觉锤的作用。简单理解视觉锤，就是企业要有品牌意识，要从各个环节入手增加消费者对品牌的识别度。很多企业不讲究品牌，没有品牌意识。不是说只有去中央电视台打大量的广告，才叫品牌意识，只要把自己产品的 Logo 做得好看一点，把产品做得好看一点，把企业颜色用得漂亮一点，就叫有品牌意识。比如，人们看麦当劳的颜色，只要金黄的拱门一出现，就会觉得 happy，小孩就会想要过去。星巴克的深绿色，只要看到那个杯子，就会带给人一种香浓的咖啡味道的感觉；苹果产品用一个纯白色的咬了一口的苹果做 Logo，谁都能认得出来，这就是用颜色产生视觉锤的力量。

再比如，白酒品牌洋河“蓝色经典”，面对大多数白酒品牌都采用红色作为主色调，“蓝色经典”独辟蹊径，采用蓝色和类似于洋酒的瓶子造型，使其从众多的白酒品牌中脱颖而出。从普遍的认知上看，蓝色并非白酒品牌的最佳选择，因为蓝色给人现代和高科技的感觉，并不符合中国白酒强调历史、喜庆的调性，但最重要的是蓝色具有足够的差异化，市场上有红色、黑色、黄色作为主色调的白酒品牌，唯独没有蓝色。这种策略恰恰吻合了视觉锤原则：如果你不是品类中的第一，你应该设计成完全不属于本品类的形象。

视觉锤就是把形象、意象、符号钉进顾客的心智空间，同时也作为外助力把语言钉钉进顾客的心智空间。视觉锤包括平面视觉识别系统、平面广告画面、产品外观造型、影响视觉识别系统，以及色彩等所有非语言的视觉信息。视觉锤的形成有两个途径：一个是持续使用某一视觉元素，让消费者形成认知惯性。另一个是设计并独占新的视觉元素，让视觉元素与品牌的语言钉产生极强的关联性，从视觉联想上帮助语言信息传播。

例如，德芙巧克力的广告中出现的“随风飘扬的丝带”，这句话便成为德芙巧克力的视觉锤，对应巧克力丝滑的口感，将无形的味觉视觉化。

随着小视频、电视广告、电影植入广告的普及，以后将是视频的世界，所有的东西都会用视觉的方式来呈现。动态的视觉效果会变得更有效。品牌可以把瓶子、包装和动态结合起来，让瓶子跳舞，让包装表演节目，这都叫作用动态来呈现。

所以，要想真正打造视觉锤，让品牌识别更快，把广告语的定位用视觉锤打进用户的心智，就要做到以下几点。

1. 简化品牌标识

品牌标识应该简单易记、让人快速识别，可以通过简化标识、减少颜色和图形等方式来实现。

2. 统一品牌标识

品牌标识在不同的场合下应该保持一致，这样可以让人们更容易识别品牌。

3. 增加曝光率

品牌标识应该在各渠道上进行广泛宣传，如广告、促销活动、社交媒体等，以增加曝光率。

4. 建立品牌形象

品牌形象是品牌识别的重要组成部分，可以通过品牌故事、品牌口号等方式来建立品牌形象，从而加强品牌识别。

5. 利用品牌代言人

品牌代言人可以帮助品牌树立形象，提高品牌知名度和识别度，从而加速品牌识别。

模式：从单一模式到系统全渠道运营

营销常见的误区是过分单一的营销模式，不管企业规模大小，不管企业所处的发展阶段，大家几乎都在用相同或类似的营销模式来操作。

一个非常普遍的现象就是中小企业的营销模式与大企业的营销模式几乎没有什么区别，总是喜欢跟在大企业后面，市场上畅销什么就做什么。

单一的营销模式是指企业只采用一种营销手段或策略来推广产品或服务。这种模式可能会导致企业在市场竞争中失去优势，因为消费者的需求和行为是多样化的，单一的营销模式无法满足所有消费者的需求。

例如，如果企业只依赖广告推广产品，而没有采用其他的营销手段，如促销、公关、口碑营销等，那么它可能会错过一些潜在的客户，因为有些消费者更喜欢通过口碑或促销活动来了解和购买产品。因此，企业应该采用多种营销手段和策略系统性地运营，才能满足不同消费者的需求和行为，提高品牌知名度和销售额。

营销的系统运营模式是指企业在进行市场营销活动时，采用的一种系统化的运营模式。这种模式可以帮助企业更高效地进行市场营销，提高营销效果和投资回报率。

零售作为品牌营销的主要业态之一，多年来一直以品类齐全丰富、购物环境优美、服务品质超群的优点，在中国零售版图上占有一席之地。然而，一是受全球经济景气度下降、国家经济增长趋缓等宏观环境的影响，二是受电商、购物中心、直播带货、小程序营销等新型零售形式的分流影响，目前零售业态受到了前所未有的冲击。现在品牌间的营销竞争也从原来纯粹的品牌争夺与促销竞争，逐步向品牌细分标签化、购物平台化、产品全渠道化演变。

单一的营销模式包括下订单、付款、收货三个阶段，以往这三个阶段基本是在一个时间和空间内完成的。换句话说，是通过单一渠道完成的，如都是在一家百货商店或超市完成的。

单渠道在实体店铺时代是有优势的，首先是成本低，其次是能够根据销售情况快捷地进行部署，易于检测，能够让一些具备优势的品牌垄断市场，实现利润最大化。但随着互联网和移动互联网的发展，单一的渠道模式严重限制了潜在顾客的规模和多样性，也约束了更多营销路线和场所，所以，单一的渠道模式已渐渐没有市场。取而代之的，是实行多渠道、全渠道、系统化的模式来触达消费者的品牌产品。因此，消费者能够接触到品牌的机会和场所越多，对品牌的发展越有利。

比如，当顾客决定购买一辆汽车时，下班途中就会留意马路上的汽车品牌和造型，走进自家所在楼的电梯间会关注墙面上的平面汽车广告，进家后习惯性地打开手机进行网络搜索和查看评论，边做饭边用手机发微信征求好友的购车体验，饭后坐在电视机前留意汽车广告，第二天上班时与同事面对面地交流用车心得，有时间还要去汽车 4S 店逛一逛。

全渠道能够带不同类型的客户，同时还能够帮助品牌开放市场，使其在营销活动中能够触达到更广泛、更多样化的受众，并可以在不同渠道利用不同的营销活动策略抓取潜在的消费者需求。

举个最为简单的例子：顾客在网上挑选自己满意的商品，然后去实体店进行实物查看和试用、试穿等，用手机拍照发给朋友和家人征求意见，如果满意，再去网店下订单，用手机支付，通过快递公司将商品送达自己小区的便利店，自己下班后去便利店拿取。这位顾客购买过程的完成，无论是下订单，还是付款、取货，都面临着多种渠道的选择，每次选择也带有一定的随机性。

因此，顾客群的全渠道购买，要求企业考虑是否进行全渠道销售，否则你会由于顾客购买过程选择余地有限而失去他们。

其实用大白话来说，系统性的营销模式很简单，就是能够更好地满足消费者在任何时间、任何地点，以任何方式来购物的需求模式。满足自己所有的购物需求。

例如，良品铺子的营销就是全渠道模式，良品铺子与IBM、SAP、华为等企业达成战略合作协议，共同开发O2O全渠道业务平台，打造了商品中心、价格中心、会员中心、营销中心、订单中心和库存中心，整合线上线下渠道，实现了全渠道会员管理和企业运营。同时，启动手机App项目作为全渠道连接器，为公司的两千多家门店实现了线上和线下的联合营销。

良品铺子正在“单渠道—多渠道—全渠道—全融合”的进化过程中，渠道不再是简单的物理或空间的区别，“门店+手机”将成为未来零售行业的最佳业务模式的展示，“手机”将为门店创造新的场景销售和新增流量机会，线上订单线下门店配送或自提等新的场景实施将有效地提高企业运行效率。未来门店除了承载购物体验之外，还将因身处社区而发挥社区的功能，成为生活服务中心。

如今已经进入信息透明化、碎片化和自媒体时代，顾客搜集信息的渠道越来越多。因此，全渠道顾客群的全渠道信息搜集，要求企业考虑是否提供全渠道信息，否则将丧失被顾客发现和选择的机会。

品牌的系统性运营也包括通过各种形式的内容创作和发布，来提升品牌知名度，吸引目标受众，增加用户互动和促进销售等。以下是品牌系统性运营的几个关键点：

1. 数据分析

企业需要收集和分析市场数据，来了解目标客户的需求和行为，以及竞争对手的情况。这些数据可以帮助企业制定更加精准的营销策略。

2. 目标客户

企业需要确定目标客户群体，并了解他们的需求和偏好。这可以帮助企业制定更加精准的营销策略，提高营销效果。

3. 营销策略

企业需要制定一系列的营销策略，包括品牌定位、产品定价、促销活动等。这些策略需要根据目标客户的需求和竞争对手的情况来制定。

4. 营销渠道

企业需要选择合适的营销渠道，包括线上和线下渠道。这些渠道需要根据目标客户的行为和偏好来选择。

5. 营销执行

企业需要制订详细的营销计划，并按照计划执行。同时，企业需要不断地监测和调整营销策略，以提高营销效果。

综上所述，营销的系统运营模式是一个系统化的、数据驱动的、持续优化的过程，可以帮助企业更高效地进行市场营销，提高营销效果和投资回报率。

促销：如何合理控制成本

促销是一种营销手段，通过降价、赠品、折扣等方式来吸引消费者购买产品或服务。促销的重要性在于：

增加销售量。促销可以刺激消费者的购买欲望，提高销售量，增加企业的收入。

提高品牌知名度。促销活动可以吸引更多的消费者关注品牌，提高品牌知名度和美誉度。

清理库存。促销可以帮助企业清理库存，减少滞销产品的损失。

拓展市场。促销可以吸引新客户，拓展市场，增加企业的市场份额。

提高客户忠诚度。促销可以让消费者感受到企业的关怀和优惠，提高客户忠诚度，促进长期合作关系的建立。

因此，促销对于企业的发展和营销策略至关重要，可以帮助企业实现销售目标，提高品牌知名度和市场占有率。

促销包括折扣促销（通过降低商品价格来吸引消费者购买）、满减促销（当消费者购买满一定金额时，可以获得一定的优惠）、捆绑销售促销（将两个或多个商品组合在一起，以比单独销售更低的价格出售）、赠品促销（当消费者购买一定金额或某些特定商品时，可以获得一些免费赠品）、积分奖励促销（消费者购买商品可以获得积分，积分可以兑换为奖励或折扣）、限时促销（在一定时间内提供特价商品或其他优惠，以促进消费者购买）、会员促销（通过会员制度，让会员可以享受专属的优惠和折扣）、代金券促销（消费者购买代金券，然后可以在一定时间内在店内使用，这种方式可以提高店内销售，也可以吸引新客户）、线下活动促销（在店内或者在商场等地点进行宣传活动等，来吸引更多的消费者）、社交媒体促销（在社交媒体平台上开展促销活动，增加品牌曝光率和口碑）、活动促销（在特定时间内开展的促销活动，如双十一、春节、中秋节）等。

促销分为渠道促销和终端促销两大范畴。渠道促销是生产厂家或品牌经销商在产品流通环节对下一级经销商进行的激励政策。为了使产品尽快进入市场，产品除了打广告和进行公关活动外，开展渠道促销也是必要的。每个流通的企业都有自己的渠道促销手段，采取的方式也都大同小异。在产品严重同质化、促销手段也大体类同的情况下，有效的促销策略就显得非常重要。针对渠道促销的推力和终端消费者的拉力比例为 7：3，慢慢过渡到 5：5 左右。此时的重点仍然是开发渠道和分销商，给渠道客户大量激励，同时兼顾最终促销拉动。给予经销商促销搭赠，但要求必须用于铺货，可以采用订货会、搭赠、箱内有奖、付费陈列、合作广告、开发奖励、团队奖励等促销手段进行。

目前不少品牌开始把促销重心放在终端促销上面。终端是销售发生的“最后一公里”，是销售的决战地，终端可以是超市、便利店、药店、酒店、饭店等线下实体门店，也可以是电脑、手机等终端设备。总之，终端是消费者最终做出购买决策的地方，所有品牌都会在终端等待消费者作决策。因此，企业必须把终端看成是销售的决战地。

品牌在投放终端时会投入很多传播物料，用于提升终端流速，通过终端流速的提升反过来推动渠道更快发展。终端促销包括常规促销、节假日促销和终端私域活动等，需要根据客户的实际情况来定制。终端的促销是为了更快、更多地吸引消费者，谁拥有消费者谁就拥有了财富。如果说渠道之战时代关注的是客户，而终端之战时代关注的则是用户，是由客户向用户的转变。

做促销时一定要多动脑筋，要想一些不损害品牌形象和价格体系的促销方法。针对消费者本身的促销活动可以放肆做，新产品的促销活动也可以放手做，不需要顾虑太多。不过从本质上来说，促销是一柄“双刃剑”，做得好可以令企业锦上添花甚至起死回生，做得不好就可能令企业身陷沼泽、进退两难。只有明白如何去做促销，才能避免一些不必要的麻烦，少走一些弯路，在节约成本的情况下，更好地进行促销活动。

要合理控制成本进行促销，需要考虑以下几点：

1. 制定明确的促销目标和预算

在制订促销计划之前，需要明确促销的目标和预算，这样可以避免过度投入，同时确保促销的效果。

2. 选择合适的促销方式

不同的促销方式成本不同，需要根据产品特点和目标受众选择合适的促销方式。比如，可以选择线上促销、线下促销、赠品促销、满减促销等。

3. 控制促销成本

在促销过程中，需要控制促销成本。可以通过优化促销方案、降低促销成本、合理利用资源等方式来控制成本。

4. 监控促销效果

在促销过程中，需要及时监控促销效果。如果发现促销效果不佳，可以及时调整促销方案，避免浪费成本。

5. 提高客户忠诚度

提高客户忠诚度可以降低促销成本。可以通过提供优质的产品和服务、建立良好的客户关系等方式来提高客户忠诚度，从而减少促销成本。

营销实战中，人们常常陷入一个误区，认为只要做促销，就能让产品好卖，利润增长。但实际做促销后发现，顾客可能只会在促销期购买产品，而且因为做促销后价格再很难涨上去，所以渠道经销商之后的利润空间就变得很有限，大概率很难赚到钱了。所以，促销虽好但也只是一个短暂性和节点性的行为，不应该长期去做。尤其不能因为乱搞促销让消费者认为你的品牌属于低价品牌，或者促销品牌。一旦让消费者形成那样的认知想要回到原来的价位，就很难让消费者接受和信任了。

第六章　初期裂变：早期用户转化，成功闭环

构建自己的私域流量

私域流量，是指通过自己的平台（例如微信公众号、个人博客、社交媒体账号等）积累的粉丝和访问量。相对于依赖第三方平台（例如搜索引擎、社交媒体平台等）获取的流量，私域流量更加稳定和可控。

私域流量是相对公域流量来说的，商家通过自主运营，可以反复自由利用免费的，可随时直接接触的流量资源。一般搭建私域流量池的阵地是商家的小程序、公众号、个人 App、社交平台个人号、社群等。

私域流量，萌芽于线下门店和线上电商，崛起在微信时代，又因为直播电商成为各方关注和发力的一个焦点。

在有赞联合哈佛商业评论发布的《2021 年度私域经营洞察报告》中，提到了私域经营的四个趋势：一是私域已成为一个不可或缺的用户触达及运营阵地；二是用户长期价值得到了前所未有的彰显；三是零售商的线上线下场域正快速实现一体化融合；四是私域正成为新品牌 / 产品孵化的最

佳试验田。这些趋势都凸显了私域的价值和火热。

未来的品牌如果不做私域流量，一定会死掉，所以打造私域流量已经成为品牌必争之地、必经之路。那么，做好私域流量的核心，首先要理解其目的。私域不是把你的朋友和家人在自己朋友圈里建个群或是发发朋友圈和广告，就幻想着收钱，这是错误的想法。

很多人误以为只要关注了你就是流量，也有很多人认为把人拉到自己的微信群里，就叫粉丝。其实流量不是简单地在平台上关注一下，那只是一种极其简单的订阅关系，只是个平台的“数字游戏”，仅此而已！盲目追求所谓“粉丝”的数量，会误入歧途。

比如，某平台的疯狂秒榜“抢粉”，结果导致无数人倾家荡产。某平台的疯狂“买粉”，导致无数人吃亏上当。很多网红公司不惜一切代价盲目涨粉，后来感叹变现寥寥无几。有人或许会认为，是因为他们没有“精准粉丝”，当然也存在这个原因，但是，一旦平台封号限流，我们的“精准粉丝”为何就这样无情地消失了呢？平台的规则一定会不断完善，以微信为例，最近几年整顿非常严格，导致无数微商和淘客迅速消亡。其次，真正想要构建好属于自己的私域流量，不是盲目涨粉，而是有细节的。

1. 打造私域流量需要有正确的观念

任何事情，如果发心不对，就无法把事情做好，私域流量更是如此。私域流量其实并不是多么高深莫测的概念，追溯起来，私域缘起于 2013 年的微商，第一批微商发现朋友圈可以卖货、打广告，于是就有很多人通过微商这个私域的雏形赚了不少钱。而目前如果再延续微商的模式，继续漫天发广告、宣传产品，那就只能等待被拉黑、被屏蔽的命运。这说明什么呢？说明私域流量不是自嗨，不是自夸，所有的私域之所以做不起来，多数是因为死在了自夸与自嗨上，全然不顾粉丝的需求。所以，做私域流量发心很重要。你要想到别人为什么来找你要链接，你能提供给对方什么样的价值，你的产品能给对方带去什么样的帮助。建立私域的第一步是获取信任，你可以没有多少粉丝，但只有被他们信任，你的私域流量才是高质量的。有了一定的粉丝流量以后，你还要塑造一对一的场景，不要经常群发你的产品的信息和广告，那样说明你并没有把你的流量当回事。就和过春节你收到一个人群发的祝福短信，不但不会感动反而会无视是一个道理。所以，你要给你的粉丝带去感动，用心去经营自己的产品文案，即使要去做广告，也要动动心思，而不是盲目又粗暴地群发。与其铺天盖地群发广告，不如很走心地发给 10 个人带来的回报可观。

移动互联网的短视频直播电商的兴起，使个人 IP 和企业 IP 的影响力越来越大，粉丝的经济效益也显得日益重要。粉丝其实就是一群特殊的用户，他们对某人或产品品牌所进行的“关注”，不只是想了解，还有可能成为潜在的消费者，甚至是成为最忠实的消费者。而经营粉丝，就是对用户进行“用户管理”。在今后你能培养出多少忠实粉丝，你在未来的发展空间就会有多大。

最确切形容私域流量中品牌与粉丝的关系，他们应该是建立在相同价值观上的命运共同体。没有粉丝就没有私域，没有私域流量池也不会有真实的粉丝。粉丝是影响力的一种数字变现，私域是粉丝的精神归宿载体。真实粉丝越多，私域流量越有价值。所以，并不是你拥有几千万粉丝，就一定是超级私域流量。一个私域流量如果没有精神号召力，那么它就是残缺的。即使拥有再多的粉丝，也只是个数字，只是个“自嗨”的幻象，不会具有太多的商业价值。

打造私域流量的正确观念，不要在意自己的平台账号粉丝有多少，那些只是一个数字而已，对于你的变现没有任何的价值。如果一款产品它满足所有人的需求，那注定就不是一个好的产品。做人也是一样，如果你跟谁都是朋友的话，那其实你根本就没有朋友，人有绝交才有至交。有价值的私域流量，是要做那种“低粉丝高变现”的账号，这样的账号一般具备四个特点，如果你的账号符合这些特点，说明具有很好的变现潜力。

打造私域流量关键不是用什么载体和方式去做，最重要也是最困难的是思维模式的转变。从老板到运营团队，所有员工都要接受新零售模式，即从产品思维转向用户思维。因此，私域流量的运营首先要明确，你拉进来的私域流量不仅仅是一个个潜在客户，还是一个个有各种需求和想法的人。

2. 打造私域流量需要的工具

打造私域流量，就是打造影响力。这就需要你长期不断地去释放价值，无论采用何种形式去打造、哪个平台去吸引粉丝，不断的输出对于你的目标用户来说，有用的干货只要输出的多了，自然就会吸引一批认可你的粉丝。

任何营销高手都是擅长打心理战的，他们明白用户喜欢什么然后去做什么，明白用户的需求痛点，这样就可以持续不断地输出此类有价值的内容，相信粉丝会越来越多。

所以，想要构建优质的私域流量，离不开八个字，那就是“释放价值，无问东西”。像我们知道的，专业的东西免费释放给粉丝，私域流量池就会渐渐形成，赚钱就成了水到渠成的事。不少人做反了，自己输出的东西一点价值都没有却只想着赚钱，人都不傻，谁都不会为没有价值的东西买单。不管什么时代，为客户创造价值是目标，赚钱是结果，钱只是衡量价值的一种工具，是我们事业做成之后的结果。如果总以赚钱为目的，总选最容易的路走，不仅赚不到钱，最后往往无路可走。

构建私域流量就是圈起自有的小型商业活动，你想赚钱，肯定是有人花钱，这个花钱的人叫作客户。客户为啥给你钱？因为你有用。客户为啥给你大钱？因为你有大用。客户为啥持续给你钱？因为你持续有用。客户为啥停止给你钱？因为你曾经有用。物以稀为贵。你之所以不贵，是因为平庸。没有独特价值，哪来利润空间。与其追赶流行，不如潜心根本。啥是你的根本？就是你的独特价值，这才是你安身立命的根本。对于老用户，要每年给予他们回馈，维护老客户的成本要比拓展新客户的成本低很多。

3. 让你的私域可以变现

构建私域流量的目的是营销变现，所以到了这一步需要诱导用户下单变现，比如拼团抽奖、优惠折扣、新品体验、限定秒杀、生日折扣等。可以线上线下互动进行营销活动，线上促销引导用户线下消费体验，同时通过社群连接线上线下，建立以复购率和下单量等为核心的体系，完成私域流量闭环。在搭建好私域流量池后，可以引入其他交易平台提升变现能力，比如淘宝、京东、抖音、快手、小红书等平台上的品牌店铺，也可以美团、饿了么等O2O交易账号。还有不少品牌注册自己的小程序，这些都可以作为私域流量的导引平台。

随着直播带货的火爆，还可以利用私域流量进行直播带货变现，例如，淘宝直播等属于中心化的电商平台，以往中小商家和主播较难获得流量倾斜。一般流量运营的模式有三种：一是与达人合作，通过达人的影响力和粉丝来引流和带货变现；二是找网红经纪机构代运营，培养自有细分品类的达人；三是店铺自己直播，需要店铺自身有一定私域流量沉淀和品牌效应，通过优质产品和折扣优惠引流和变现。

4. 维护自己的私域流量

私域流量就像自己建的鱼塘，你的鱼是不是能够养好，取决于你对鱼塘的维护。维护不是简单的互动，而是需要对用户进行专业化、有价值的信息分享引导，甚至要为你的用户答疑解惑。私域流量的销售转化，是建立在客户信任、产品靠谱、服务高效的基础上的。所以加客户微信、建微信群或粉丝拉新等只是第一步，后续的运营、服务才决定销售是否可转化和长久。

无论是卖产品还是卖服务，最核心的东西还是产品够不够好，服务是否到位。产品和服务本身不好，即使流量再多、运营再好，也会成为无源之水和无本之木，转化和复购的效果也不会好。

所以，私域流量的运营是一个系统性的工程，不仅仅是一个部门或者一群人的事情。在整个过程中，商品和服务的好坏，自身品牌价值、宣传造势、运营转化等因素都很重要，因此私域流量的运营需要公司各部门的通力配合，也需要社会各方的协作推动。

打造私域流量的建议：

1. 提供有价值的内容

提供有价值的内容是吸引粉丝的关键。可以通过分享行业内的最新趋势、经验分享、教程、案例分析等方式，让读者感受到你的专业性和价值。

2. 与粉丝互动

与粉丝互动可以增加粉丝的黏性和忠诚度。可以通过回复评论、私信、举办线上活动等方式与粉丝互动。

3. 定期更新

定期更新可以让粉丝保持对你的关注。可以制订一个更新计划，例如每周发布一篇文章或者每天分享一条行业内的新闻。

4. 建立品牌形象

建立一个独特的品牌形象可以让你在竞争激烈的市场中脱颖而出。可以通过设计专属的 Logo、配色方案、字体等方式建立品牌形象。

5. 利用社交媒体

社交媒体是获取流量的重要渠道之一。可以通过在社交媒体上分享自己的文章、与粉丝互动等方式吸引更多的粉丝。

6. 利用 SEO

通过优化网站结构、内容等方式提高网站在搜索引擎中的排名，从而获得更多的流量。可以通过优化关键词、网站结构、内部链接等方式提高网站的 SEO 排名。

总之，打造私域流量需要长期的积累和耐心的经营。只有提供有价值的内容、与粉丝互动、建立品牌形象等方面做好，才能吸引更多的粉丝并保持他们的忠诚度。

用信息流广告影响用户

广告是一种营销工具，可以通过各种媒介向消费者传递信息，影响他们的购买决策。

例如，一些广告会强调产品的独特性和优越性，让消费者感到他们需要这个产品来满足自己的需求。广告可以通过频繁地在各种媒介上展示品牌，建立品牌认知度，让消费者在购买时更容易选择这个品牌。还可以利用情感因素来吸引消费者的注意力和产生共鸣。例如，一些广告会利用幽默、感人或令人印象深刻的场景来吸引消费者的情感。通过提供优惠和促销来吸引消费者的购买。还有一些广告会强调产品的价格优势或提供折扣码等促销活动。总之，广告可以通过各种方式影响消费者的购买决策。

比如方太智能升降油烟机的广告就非常好，在《油烟情书》中是这样写的广告语：

方太智能升降油烟机，四面八方不跑烟。

为你吸除油烟危害，只留下柴米油盐中的爱。

方太的广告核心在“四面八方不跑烟”点明了油烟机的功能和优势。广告创意可以花样翻新，最后的落脚点却必须回到产品的核心卖点上来。

油烟机买来当然是为了吸油烟的，这是不言自明的事。虽然没有花大心思用在创意上，但却直击卖点。安全和颜值也是吸油烟机的卖点，但绝非核心卖点。

法国依云（Evian）是矿泉水中唯一的奢侈品牌，主打纯净，事实上任何一款矿泉水都无法做到完全纯净，但依云用广告打造故事的手法值得学习。依云的广告中没有人拿着瓶子猛喝几口大喊："真爽！"也没有人一本正经地解释水的成分和功效，而是经常选用可爱的婴儿作主角。这就是广告创意高明的地方，让消费者看到婴儿的样子，自然就会与纯净联想在一起。

虽然广告能够影响消费者，但在目前碎片化信息时代，靠集中式的广告轰炸往往需要更多的资金投入，一般中小企业无法支持这些大额资金去影响消费者的选择，所以在广告上不但要做到简单有效，同时还要努力提高广告覆盖范围内的渗透率。更要注意两个核心：第一是打造信息流广告（信息流广告是位于社交媒体用户的好友动态，或者资讯媒体和视听媒体内容流中的广告。信息流广告的形式有图片、图文、视频等，特点是算法推荐、原生体验，可以通过标签进行定向投放，根据自己的需求选择推广曝光、落地页或者应用下载等，最后的效果取决于创意＋定向＋竞价三个关键因素）。第二不要试图给消费者洗脑。现在的消费者有很强的独立意识和判断能力，不会轻易被一个十几秒的广告洗脑，所以真正的广告营销是一个独立大事件，是品牌的战略行为。广告投放之前要锤炼好强大的产品力基础销量、产品评价、品牌口碑、舆论风向，沉淀大量的线上内容，当你的广告投下去，面对亿级的消费者建立品牌认知之后，上面这些基础建设都将极大程度地影响最终的销售转化率。这是今天的消费环境、消费认知、消费习惯决定的，我们追求最终的结果是一个系统作战，不是简单的洗个谁的脑就能做到的，何况我们也洗不了别人的脑，所以我认为做广告要把消费者当成“傻子”去追求极致的传播效率，做品牌要把自己当成傻子去追求极致的产品和服务，尊重消费者，尊重消费者的消费观念，尊重消费者的行为习惯，做出超出消费者预期的内容，这些都是对市场的敬畏，只有足够敬畏市场，市场才有可能还给你一个强势的品牌。

心理学家丹·艾瑞里曾经做过一个行为实验。他找来一群大学生，邀请他们品尝啤酒。艾瑞里告诉大家：A组就是普通的啤酒，但B组是“麻省理工特酿”。结果，大部分学生都觉得特酿更好喝。但所谓的特酿，不过是加了几滴醋的百威。第二次，他又找来一群大学生，这次是告诉他们：A组是啤酒，B组是兑了点醋的啤酒。两次实验用的是一模一样的产品，但实验结果发生了大反转：这一次，大部分人都觉得加了醋的啤酒有一股怪味，还是普通的啤酒好喝。这个实验告诉我们一个道理：人不是根据事实做判断的，而是根据自己对事物的预期做判断。应用到广告领域，如果你想改变用户行为，就要超越用户的预期。

广告的价值是什么？就是帮公司传达你想传达的意思，帮你达到你想达到的目标。它只是营销元素中的一个，既不特殊，也不渺小，它和所有营销元素一样，目的是实现企业和品牌的营销目标。所有好的广告都是给产品加分。信息流广告的投放平台可以划分为以下几种，具体如下。

资讯类：比如腾讯新闻、今日头条、门户网站、天天快报、一点资讯、小红书等。

社交类：比如微信、微博、QQ、贴吧等。

视频类：比如爱奇艺、芒果TV、抖音、快手、腾讯视频、微信视频号等。

工具类：比如知乎、美柚、万能钥匙等。

信息流广告的形态多种多样，举例来说，在百度搜索里，它就是一条搜索结果；在微博广告里，它就是一条微博图文；在小红书里，它就是一个种草的笔记；在朋友圈里，它就是一个朋友圈的动态；在腾讯新闻里，它就是一个报道；在抖音里，它就是一条视频……

做信息流广告的优化有以下几个方面可供参考：

（1）对产品进行充分的考察和了解。在市场进行商品投放之前，首先要对其所在的领域行业，市场环境进行考察。其次，进行产品精准定位的用户画像，找出合适的用户人群。

（2）内容要丰富引人注目。当刷到某一条视频时，如果看到封面和开头不是感兴趣的内容，就会直接跳过了。所以，在广告的开头一定要简单直接，因为开头展示出来的好坏，直接决定了广告视频的点播率。

（3）创意与落地页相符。落地页步骤：信息流广告播放，落地直达页面弹出，用户点击后进入全屏落地页模式。

想要通过信息流广告去影响消费者，首先要确定你的产品受众，看他们的喜好和需求，他们多数活跃在什么平台，以此为针对点进行广告的有效投放，既节约成本，又能匹配精准用户。要想让更多的用户加入品牌的购买环节中，必须要有持续的广告投放才能让广告触达用户的临界点，那么广告的记忆度就会显得很重要。谁的广告让消费者记忆度越高，那么消费者达到购买临界点的速度就越快，意味着品牌方可以投入更少的费用去收割用户。

线下活动营销推广

目前，所有的品牌传播，基本上都在互联网上发生，线下的营销似乎退到了二线。事实上，线下活动营销推广仍然是非常有效的推广方式，可以吸引更多的目标客户，提高品牌知名度和销售额。社交网络的信息碎片化，在碎片化社交网络中，品牌难以输出完整的信息，没有人能忍住无聊观看长时间的品牌介绍，大家更喜欢直接、迅捷的信息带来的干货。所以线下营销就可以很好地补充信息的完整性。

线下营销活动的推广有多种方法，常见的活动包括举办活动、参加展会、赞助活动、举办促销活动、发放宣传资料和举办品牌发布会。其中，举办活动，可以举办各种类型的活动，如展览、演出、讲座、比赛等，吸引目标客户参加，并在活动现场进行品牌宣传和销售。参加展会，参加相关行业的展会，展示公司的产品和服务，与潜在客户建立联系，提高品牌知名度。赞助活动，赞助相关行业的活动，如体育赛事、文化活动等，提高品牌知名度，吸引目标客户。举办促销活动，可以在商场、超市等地方举办促销活动，吸引顾客前来购买产品，提高销售额。发放宣传资料，可以在人流量较大的地方发放宣传资料，如传单、宣传册等，吸引潜在客户。举办品牌发布会，可以邀请媒体和潜在客户参加，宣传公司的品牌形象和产品。

随着数字经济的不断发展，数字技术可以辅助现实环境，打造创新创意的线下活动营销。以“泸州老窖”+元宇宙技术，打造的沉浸式体验“窖龄研酒所”为例，给用户展示一瓶酒里面隐藏的秘密，并让参观者置身元宇宙技术打造的步行街场景。科技数字技术为酒的外观带来了如科幻电影一般的场景，看到了北纬28° 的中国酒城——四川泸州，在酒的微观世界中，探索酒在酿制过程中释放的有益微生菌，让参观者感受到酒的风味物质与醇香。最后引导参观者到了“探索者酒吧”进行品酒，调酒师们还专门研发了多款以百年泸州老窖窖龄酒为基酒的特调鸡尾酒，配以研酒室专属的特殊器皿盛装，精致得让人沉醉在这梦幻秘境里，参观者可以细细品味一杯，尽情感受白酒的品质魅力。整场体验下来无论是从视觉、嗅觉还是味觉，百年泸州老窖窖龄酒都刷新了人们对白酒的认知。

茅台为了推广“i 茅台”数字营销 App，拓展消费了解和增加对茅台品牌知识的窗口，传播茅台文化，选择在“立冬”节气，选择大型的购物中心开展线下宣传推广活动。现场向工作人员讲解 App 下载方法以及使用方法，向市民介绍“i 茅台”，并且现场一步步地演示如何下载“i 茅台”、实名制注册、预约申购、增加小茅运、查询申购结果等流程，提升往来市民对“i 茅台”App 的了解度与认可度，让消费者近距离接触贵州茅台，积极下载和学习“i 茅台”App 的使用方法。

雪碧公司的“淋浴棚”线下宣传，是把“淋浴棚”装置设在了巴西的海边，免费邀请人们体验雪碧淋浴。这个淋浴装置外形是个加大了几倍的饮料机，而想要冲凉的人就像杯子一样，只要站进去，饮料口就会大方地喷你一身雪碧，让人们全身心地感受到什么叫透心凉。而这个创意营销是巴西奥美为雪碧公司打造的，饮料机几乎吸引了每一个游客的注意，毕竟用雪碧冲凉可不常见，人们都很乐意尝试一番，好好地体验了一把雪碧带给人们的凉爽。宣传得非常成功。

唯品会在广州白云万达广场布置了一场“128位双胞胎”橱窗行为艺术装置，邀请全球不同城市的双胞胎到场，实现了场面宏大的“快闪秀”。现场每一对双胞胎的长相身型几近相同，穿着服饰的品牌和款式也是一模一样。让人们挑选“差别最大的双胞胎”，以此找到每对双胞胎差别最大的地方在于他们服饰的“价格标签”，参观者可以注意到，在展示的橱窗表面，分别印刻着市场价和12.8唯品会价格，二者有着巨大的价差。从营销层面来讲，品牌利用价格对比的手法，其实是变相突出唯品会（12.8特卖大会）的优惠力度。

美赞臣借助京东平台推出的“海囤亲子趴”活动，以“海囤亲子趴，带上宝贝一起玩！”为主题，从出行、感恩母亲、父亲陪伴、亲子告白、运动、音乐、娱乐七大生活场景切入，于2019年3月—12月开展内容全域营销活动，成功打造了一个时尚IP，并利用这一IP完成了营销造势，成功激起了家长与孩子的兴趣，吸引他们积极参与到活动之中。在“618”期间，美赞臣与京东联合打造“京婴运动会”，借助“双微一抖”内容营销平台，以多元场景同步发布内容，获得了近4000万次的曝光率。据统计，仅让萌娃带产品出镜这一项操作，就让品牌在抖音平台获得223.7万次的曝光率。再加上达人在评论区的评论引导，让抖音平台与京东平台实现流通互动，流量直接转化为电商流量。

以上这些案例，均属于线下营销推广活动的范畴。举办一些成功的线下活动，可以形成多重效应，在短期内可以聚集起用户群，同时，随着推介活动范围的扩大，还可以用媒体跟踪报道的方式来扩大舆论的注意力并形成传播，持续提高活动的主题与品牌人气，增大扩散性营销通路。总之，线下推广是提升流量的直接方法，也是企业品牌的一种宣传方式，只要做得好，就能收到很不错的宣传、推广、营销效果。线下活动营销推广需要根据公司的实际情况和目标客户的需求来选择合适的方式，以达到最好的效果。

线上活动提质增效

在消费升级的当下，品牌营销的个性化、轻奢化、艺术化、定制化趋势越发明显。随着新型营销模式特别是网红、爆品的兴起，品牌营销改造升级需求日益旺盛。人工智能、大数据、云计算等新技术的应用又催生了新的品牌营销形态和方式，如直播带货、平台自营、多样化营销等，它们都重度依赖大数据与智能化技术。

互联网与移动互联网的迅猛发展，尤其是移动支付、社交网络的普及，极大地改变了人们的消费方式和消费理念，也催生了品牌营销从传统店铺营销走向线上营销。

线上营销的活动种类繁多，比较常见的活动形式具体如下。

社交媒体营销：通过社交媒体平台（如微信、微博、Facebook、Instagram 等）发布内容、互动和广告，吸引目标受众。

搜索引擎优化（SEO）：通过优化网站内容和结构，提高网站在搜索引擎中的排名，吸引更多的流量。

搜索引擎营销（SEM）：通过在搜索引擎中购买广告位，吸引目标受众点击进入网站。

电子邮件营销：通过发送电子邮件，向目标受众推广产品或服务。

内容营销：通过发布有价值的内容（如文章、视频、图片等），吸引目标受众，提高品牌知名度和信任度。

社区营销：通过参与社区活动、发布社区内容等方式，吸引目标受众，提高品牌知名度和信任度。

线上活动：通过线上举办活动（如抽奖、优惠券、限时促销等），吸引目标受众，提高销售额和品牌知名度。

口碑营销：通过引导用户在社交媒体或其他平台上分享产品或服务的好评，提高品牌知名度和信任度。

在开展线上营销推广工作之前，需要通过市场调查、粉丝画像、产品卖点提炼等工作，对营销推广目标进行明确规划。明确此次的营销推广目的到底是提高品牌知名度，还是增加销售额等，这样才能有针对性地开展相应的推广活动。

例如，西班牙 Chupa chups“珍宝珠棒棒糖”为了提升销量并希望吸引当代年轻人的注意力，在网上发起了 chupa chups challenge 的创意挑战赛。专门选取了在年轻人中有影响力的网红进行合作，创作出了许多有趣且又富有创意的内容。这些网红不仅把 Chupa chups 的挑战赛结合到他们的内容创作中，而且还用极具创意的方式重新晒出了他们的童年照片，例如模仿老电影摄影制作成复古照片，利用怀旧情绪来吸引粉丝的注意力。棒棒糖存在于每一个人的童年里，Chupa chups 正是利用棒棒糖和童年相关的特性开始了一系列怀旧创作，不仅成功地吸引人们参与进来，还给品牌增加了一丝人文情怀，令人对品牌的印象更加深刻。

线上红酒卖家“醉鹅娘”用了不到八年时间坐拥 600 万 + 的粉丝数量，单系列产品卖了 100 万元 + 的销量，仅 2020 年一年就卖出 3.5 个亿。创始人“醉鹅娘”既是网红达人，又是营销高手，她通过互联网，抓住了短视频的风口，凭着强大的知识储备和优质的内容创作，将卖酒、品酒、酒文化等内容在线上平台大放异彩，将自己塑造成了一个“爱喝酒、懂酒”的专家 IP。在线上通过抖音快手平台，既宣传又带货，积累了大量的粉丝。线上的活动大体上分为场景化营销、对比测评某种酒，通过专业知识评价酒的好坏、通过教用户 DIY 调酒，引发大家对某款酒的兴趣。同时入局 B 站，做 Z 世代喜爱的内容，醉鹅娘在 B 站上输出的内容要更干货，更有价值。总共设立了三个频道：winepros 系统课程（讲解红酒专业知识）、红酒日常（搞怪趣味的内容）、红酒客厅（多人形式测评）。这么做不仅能拓宽品牌的影响力，而且更加符合 B 站用户的调性。

某品牌在周年庆的时候，打造了一个“线上文化活动”，活动主题是：走进文化礼堂，我与 ×× 共同成长。活动方式：健步走虚拟路线 + 知识问答 + 闯关赛。活动内容共设置了 10 个关卡。以企业发展为轴，在指定活动周期（30 日）内，每日健步走超过 8000 步可解锁下一关，一直达到未来之路。每天只能解锁一关，每到达一关，将有企业发展史或品牌文化相关题目需解答。活动题库根据企业的宣传和文化核心内容设计，每个关卡题目将自题库中随机生成，总计 10 关，过完所有关卡则算达标。活动奖励达标者可领取一份奖品，并根据达标完成先后顺序进行榜单排名。

品牌在没有积累起自己私域流量的情况下，也可以进行一些线上的活动创意形式以增加品牌曝光度和吸引消费者关注。

比如，有一些活动值得参考，具体如下。

线上征集活动：用户通过投稿的方式来争取获得奖励，奖项设置需合理、吸引人，这样用户才会分享。

拼团活动：用户转发效果好，对于拉新、促销有一定的效果，常见于电商领域。

红包卡券：多用于拉新活动，留存度比较低，理财金融相关领域常用。

故事营销：通过故事传达观点或传播产品，易传播，容易形成转发效应，此方式网易、微博、抖音常见。

答题活动：通过答对题目获得相应奖励，如积分、优惠券、奖品，可增加留存时间，有一定拉新、促活、成交效果。

比赛排名：依据排名分别设置奖励，有不错的传播效果和品牌宣传效果，获取的粉丝留存度高、精准排名靠前的可以获得相关奖励。

在线测试或问答：通过转发增加传播性，制造话题、抓住用户心理，适合知识付费、工具类等。

线上直播：通常和其他活动策略一起使用，通过线上直播的形式，配合抽奖、折扣券、特殊产品等。

线上打卡签到：通过每日/连续打卡获得奖励，增加用户黏性，加强

App 或链接活跃度，适合阅读、购物或希望增加日活的领域。

抽奖活动：与红包类似，区别在于活动的细则，不同的奖品和中奖率有不同的效果。

线上渠道的营销布局

实施多渠道销售策略已成为每个企业、每个品牌的基本要求。最强大的品牌是那些在顾客消磨时间的渠道满足其需求的品牌。这些企业提供卓越的商业体验，并建立了强大的品牌形象。它们完全拥有自己的顾客和顾客体验，并通过自己把控的在线商店向顾客出售产品，从而创造了弹性。

想要做好线上营销，必须要做线上的渠道布局，一般有三大渠道，分别是电商平台、内容平台、社交平台。电商平台如淘宝、天猫、京东、拼多多；内容平台分为图文平台和短视频平台。图文平台有哪些呢？比如百家号、企鹅号、搜狐号、微博小红书等。短视频平台如抖音、快手、B 站等。布局内容平台，需要通过持续的图文加视频直播，内容输出，实现吸粉、种草、转化、成交。社交平台，重点是微信、朋友圈、社群运营、企业号和小程序等。线上的渠道可以分为直销渠道和非直销渠道。直销渠道是企业或品牌方直接向最终消费者提供商品或服务的渠道，包括品牌官网、品牌 App、第三方电商小程序官方直营店；线上非直销渠道包括第三方电商小程序分销商店铺、直播平台分销。

在互联网时代，几乎所有的企业和品牌都会设立线上官方直营渠道。

对于企业来说，官方直销渠道的销售成本主要来自引流成本，以及自有线上、线下店铺或第三方平台店铺的运营和维护成本；对于用户来说，直销渠道是可信度最高、风险最小的购买渠道，产品的质量能够得到最大限度的保证。线上非直销渠道，对于比较知名的品牌而言，能够起到锦上添花的作用，对于新品牌或小品牌来说，则要权衡好线上分销渠道的投资回报率状况，以获得品牌效益最大化。非直销渠道省去了品牌进行线上、线下店铺维护运营的成本，但是需要支付分销商一定的佣金、收益抽成，或将面临产品价格的提升；对于客户来说，非直销渠道的质量和知名度在很大程度上会影响客户对其所提供产品的信任度。线上非直销平台，一种是第三方电商、小程序分销商店铺，这类分销渠道，其专业度、平台影响力、订单数量、售后服务的速度与质量都会影响客户对其所分销的产品的购买决策。企业需要根据自身实际，权衡好成本与平台质量之间的关系。另一种是直播平台分销，经过专业的直播平台，借助选品、定价、优惠策略、供应链等，通过直播的形式向直播间的客户介绍产品，促使客户下单实现转化的销售渠道。

目前，各类品牌企业，开始打破传统的单一经销商渠道模式，开始尝试自建连锁零售新的渠道体系。在当前的商品市场、全渠道零售市场环境下，打破传统的单一渠道模式，创造新的渠道形式是一项非常积极有价值的探索。品牌销售的主要方向是基于较强的在线数字化营销运营线上能力，完善的基于线下的用户体验、产品交付为主体的线下品监管运营能力的高度融合。

品牌代理和加盟商想要布局线上营销的话，首先要找准人设定位，其次是推出产品相关的视频、新闻、文章等，针对精准人设推送，可以让宣传上热门。当吸引了流量以后，可以通过线上带来的流量去引流到线下产品招商。

布局线上营销，要有过硬的品牌知识，可以让客户能学到更多的知识，对产品有更深的了解，更好地使用产品。售后技术服务，产品出现了问题要能帮助客户解决问题，不能让线上销售服务没有保障，产品出现问题不去负责，招商厂家要有一颗负责任的心，才能建立起客户信任，获得客户的认知，代理和加盟商家可以多和厂家进行交流和学习。

如果一个品牌想要检验自己是否合适做线上布局营销的话，可以问自己几个问题，具体如下。

您的顾客是否可以选择线上下单，线下实体店提货?

您的商品只能通过固定的页面才能添加到购物清单中，还是通过邮件、链接或其他方式都可以加入消费者移动端的购物清单中呢?

消费者是否可以随时随地登录到网站查看自己的线上和线下交易记录?

您的店员可以在店内查看消费者在移动端的交易信息吗?

您的会员计划能够同时更新消费者在线上和线下的消费积分和奖励吗?

如果对于这些问题都回答“是”的话，那么说明这个品牌所有的销售和营销触点都是相互连接的，为消费者创造无缝的购物体验就是线上和线下实现了融合的销售模式。

布局线上销售渠道是成为数字化商业时代更好获客的途径之一。拥有线上销售途径的零售企业，在门店没有顾客，无法经营的情况下，仍然有很好的成交量，同时还可以实现线上线下客源的转化，更有效提升销售额，通过线上营销渠道，相比门店可以更多地触达消费者。常见的方法有：企业搭建App商城、官网商城、小程序等进行线上销售，可以通过线上广告、分享等促销活动吸引老顾客，提升老顾客的复购率。

通过线上社群营销，商家组建社群，可以更好地聚集目标客群，统一维系，引导沟通并实现用户增长，有利于保持用户的活跃度。

利用线上分销模式，以返现、佣金、优惠券的方式，让用户成为销售人员，让他们通过分享转发，企业就可以拥有一批免费的推广人员，同时实现留存和拉新的目的。企业通过布局线上渠道，将门店客流引导到线上，或者线上推广获取新用户，通过社群方式进行老客户的维系和运营，通过分销机制实现老用户的拉新，形成一个良性的发展闭环。

线下店面的拓客引流

在流量为王的时代，对于实体店面而言，无论是线下的布局，还是线下的引流，都离不开流量。线下店面只有做到拓客引流，才能让品牌赢得更多消费者，产生源源不断的利润。

关于实体店面引流拓客的方法有很多，比如，利用社交媒体：在社交媒体上发布有关你的店面的照片和信息，吸引潜在客户的注意力。你可以使用Instagram、Facebook、Twitter等平台。也可以举办活动：举办有趣的活动，如促销、抽奖、免费试用等，可以吸引更多的顾客到你的店面。实体店面如果想要获得更多人的光顾，需要优化店面布局：店面的布局应该有吸引力，让顾客感到舒适和愉悦。可以使用各种装饰和灯光来增强店面的吸引力。但是，最核心的是要提供优质服务，让顾客感到满意，从而增加他们回头的可能性，并向其他人推荐你的店面。也可以与其他相关的商家合作推广，可以扩大你的客户群体，并增加你的知名度。最终实现的是口碑营销，通过提供优质的服务和产品，让顾客自发地向其他人推荐你的店面。

线下店面引流离不开活动，常见的活动有 6 种，具体如下。

1. 免费玩法

用免费吸引消费者眼球是大部分实体门店做的引流活动，因为消费者都喜欢"占便宜"的感觉，所以不定期推出免费赠送东西的活动，可以吸引消费者进店，免费的东西一定要具有实实在在的可知感，需以实物为主。

2. 买赠

购买某产品可以获赠另一种产品，这种方法既能促进销量，也可以让客户通过拼团实现引流，比如买一送一、买鞋送袜子、买西装送领带等。

3. 咨询

利用免费咨询的方法和客户交流，才有机会促成销售，比如美容院免费皮肤诊断、药店免费测血糖，或者其他答疑解惑等。

4. 套餐

一个人的消费额度不会太高，如果几个人一起消费就容易达到一定的积分，用积分换购或者赢得额外大礼包。

5. 抵用玩法

给予客户一定面额的现金抵用券，进行捆绑式销售，这种方法可以用在其他场合，把客流吸引到自己的店里，比如用酒水跟饭店合作、美容和瑜伽合作、音乐和跳舞合作等。

6. 招募志愿者

用招募志愿者的方法转化成用户，比如做减肥产品的可以招募减肥志愿者，做美容产品的可以招募美容志愿者，做食品酒水行业的可以招募试吃志愿者。这样做一是为门店打了广告；二是只要有人愿意来咨询就有了第一手资料；三是确确实实通过减肥成功的案例，身边的一群人会成为你的用户。

如果是新开的店，要让方圆 5 公里的人都知道，可以进行以下操作方式。

首先进行前期造势，保证你的开业会更加热闹，也能够让你的新店客流量有把握。造势可选择线下宣传推广和线上平台引流，例如门店可以通过入驻美团、大众点评等大型团购平台，让附近的消费者都知道你的店。可以利用减免或套餐的形式让他们下单。也可以利用自媒体平台进行店铺和品牌的宣传，例如微信公众号、朋友圈和视频号。也可以选择抖音团购，帮助门店打通在吸粉过程中无法直接将流量变现的闭环，认证企业用户可以通过创建团购，让用户选择线上购买线下实体店体验。

其次，打造品鉴馆并找本地生活达人探店，让他们到门店亲身体验服务流程，拍摄流程图片或视频。本地生活类的达人，主要以同城为主，适合同城的线下引流，实效性高。当然，前提是一定要了解达人账号本身的粉丝基础和带货能力。打造产品品鉴馆，通过商品管理和陈列，可以将商品完整地展示在顾客面前。特别是在当前的营销环境下，体验营销、社群营销已经成为非常重要的新营销方式。要做好这些新的营销实践，需要借助一个“场”，品鉴馆正可以提供这样的场地。未来，借助品鉴馆的条件，对帮助获客，包括线上获客，借助相关的体验、社群等营销手段，产生用户信任、用户依赖都将产生非常重要的营销价值。目前很多企业做线上，基本都是产地仓交付，物流时间长，交付成本高。要想解决这两大问题，必须要建立新的交付体系，以实现最短距离、最短时间交付。如果有了品鉴馆的系统，承担起前置仓的功能，就可以实现这样的目标。

再次，利用线下渠道进行宣传。如果门店在商圈，可以利用商场的广告位，把门店的王牌产品展示出来。不用每个产品或项目都展示，只要做到画龙点睛就好。也可以借助商场的私域微信或社群，把门店的介绍给商场去宣传。如果门店是街铺，利用周边小区的电梯广告、地铁口下班高峰期派发传单，员工着装等统一标识和服装，利用员工出入成为门店的广告。

最后，要开展线下活动。例如，有一个亲子活动推出 9.9 元会员制活动，凡是参加门店活动只需交纳 9.9 元成为会员，可以免费参加平台发布的所有线下亲子活动，并获得活动纪念章一枚，纪念章以 24 节气为素材，做工精美适合收藏，参加亲子活动集够 24 枚纪念章，可以兑换一个神秘大礼包。凡成为会员的人，连续在朋友圈分享活动成果三次，既可以获得品牌方提供的手绘作品，还可以参与官方亲自拍摄纪录片。于是，就吸引了很多新客户成为 9.9 元的会员，后又带动了很多其他新人来参与。

电商+平台的社交媒体搭建

电商 + 平台模式，是指电子商务企业通过建立一个平台，为卖家和买家提供交易、支付、物流等服务，实现商品的在线销售和交易的商业模式。这种模式可以让卖家和买家在同一个平台上进行交易，既提高了交易效率和便利性，同时也为电商企业提供了更多的商业机会。

电商 + 平台模式具备很多优点。首先，提高了交易效率和便利性。卖家和买家可以在同一个平台上进行交易，不需要在不同的网站上寻找商品或买家，节省了时间和精力。其次，提供了更多的商业机会。电商企业可以通过平台模式为卖家提供更多的服务，如物流、支付、客服等，从而获得更多的收益。再次，降低了交易成本。平台模式可以通过规模效应降低交易成本，从而提高了企业的盈利能力。最后，增强了品牌影响力。通过平台模式，电商企业可以为卖家提供更好的服务，从而提高了品牌的影响力和知名度。

总之，电商 + 平台模式是一种有效的商业模式，既可以为电商企业提供更多的商业机会和收益，同时也可以为卖家和买家提供更好的交易体验。

电商是一个非常宽泛的概念，行业内并没有一个单独的定义。那些广为人知的购物平台除了天猫、京东还有苏宁、唯品会、当当等都属于电商，或者都归为传统电商的范畴。电商的模式通过零售、营销、物流、金融等整合，形成供给侧的网络协同效应，从而提高整个组织效益，进一步分摊服务成本。电商模式常见的有 B2B、B2C、C2B、C2C 和 O2O。

B2B 模式是企业与企业之间的商务模式，如企业内部以及企业与上下游协力厂商之间的资讯进行整合，并在网上进行企业与企业之间进行交易。B2B 模式是电子商务中历史最长、发展最完善的商业模式，能迅速地带来利润和回报。它的利润来源于相对低廉的信息成本带来的各种费用的下降，以及供应链和价值链整合的好处。现在 B2B 模式做得最好的是阿里巴巴。

目前看，B2B 已经深入到了各个产业链的上下游中。展望未来，我国 B2B 电商将逐步实现从"交易闭环"向"交付闭环"转变。B2B 平台的供应链服务价值存在于电子商务"四流"之中，增值服务成为公司主要收入来源，突破了先前以会员费、广告费、佣金为主要盈利模式的瓶颈。

在 B2C 模式中，B 是企业，C 代指个人消费者，也就是"商对客"模式。B2C 的模式就是企业通过网络建设起一个销售产品或服务的平台，而消费者就通过这样一个平台去购买自己所需要的商品。企业和消费者直接对接，中间没有任何附带环节，成本也就少了，消费者能买到更加廉价且有保障的商品。

在 C2B 模式中，C 消费者占了主导权，从 B 企业转到了消费者身上，消费者先提出需求，后由生产企业按需求组织生产。通常情况为，消费者根据自身需求定制产品和价格，或主动参与产品设计、生产和定价，产品、价格等彰显消费者的个性化需求，生产企业进行定制化生产。起点就是越多的消费者去青睐同一个商品，该商品的价格就会越低。有不少人预言，未来的世界将是数据驱动的世界，生意将是 C2B 而不是 B2C，是用户改变企业，而不是企业向用户出售。

互联网时代，企业经济的驱动力就是平台。就商业模式而言，平台型公司正在大行其道。淘宝、百度、苹果、京东……大企业们都在以平台模式横行各个产业。全球 500 强里的前 100 强企业，有 60% 都是平台型企业。

近几年来，社交媒体平台电商化的案例越来越多。从 2018 年年初，抖音平台上线了购物车、商品橱窗之类的商品导购功能；快手也早早地通过小黄车、快手小店等功能开始了电商化布局；微视和全民 K 歌也接入了平台；B 站提供播放器框、直播间等“悬赏”流量入口……近一两年内，我们接触的大部分社交媒体平台纷纷开始了电商化，似乎“言及社交媒体，必谈电商变现”。电商 + 平台的社交媒体搭建将成为常态。

如今做电商的人太多了，电商平台五花八门，在进入电商平台之前，品牌要了解各个电商平台的特点及优势点，这样才能根据自己的实际情况来达成自身目标。

线上线下联合营销的渠道和传播

线上线下联合营销，是指将线上和线下两种营销方式结合起来，通过互相促进，达到更好的营销效果。这种营销方式可以让企业在不同的渠道中进行宣传和推广，从而吸引更多的潜在客户。常见的线上线下联合营销模式有 4 种，具体如下。

1. 线上线下互动活动

品牌可以在线上和线下同时举办互动活动，例如线上抽奖活动，线下实体店购物送礼品等。

2. 线上线下优惠券

品牌可以在线上和线下同时发放优惠券，让消费者在线上和线下都能享受到优惠。

3. 线上线下品牌推广

品牌可以在线上和线下同时进行品牌推广，例如在社交媒体上发布品牌宣传视频，同时在实体店内展示品牌广告。

4. 线上线下购物体验

企业可以将线上和线下购物体验结合起来，例如在线上购买商品后可以在实体店内领取，或者在线下购买商品后可以在网上进行评价和分享。通过线上线下联合营销，企业可以更好地吸引潜在客户，提高品牌知名度和销售额。

以"元气森林"饮料营销为例，元气森林的线下渠道范围主要集中在一、二线城市的连锁便利店，全家、罗森、7–11 等连锁超市，大多分布在商圈以及中高档住宅附近，精确触达目标人群，并推出"0 防腐剂货架"，通过线下渠道让更多人认识到品牌的存在。线上的渠道主要有各大电商网站，如天猫、京东、淘宝、电视广告、视频网站 App、新闻门户网站 App 和微博等。线上电商平台是当下社会跑量销售的赛道，线下区域性特征明显，而线上可以跨区域扩张销售，并借助伴随定额包邮和送货上门两种方式培育起来的整箱售卖习惯，可帮助品牌培养用户稳定的饮用习惯。元气森林还进行了多起跨界营销活动，如元气森林和肯德基、元气森林和迪士尼、元气森林和绝味鸭脖，实现品牌联动，增强销售业绩新尝试、多层次、多维度上给元气森林的品牌印象增加新内涵，放大合作双方的品牌优势，携手满足年轻消费者的多元需求。

所以，线上线下联合营销，渠道和传播有三件事情要做。关于渠道，不管卖什么东西线下要有一个主渠道，哪怕卖一瓶水，要么进商超、要么进小卖店，要么做机场通道，要么做驿店，要么布局高速公路服务点，这些都属于线下主渠道。如果没有线下主渠道，只想做线上，会做得很辛苦。所以线上也要开一个店，比如开天猫旗舰店、唯品会店、京东店等，如果品牌规模足够大的话，要开一个官网商城，即在官网上开一个商品交易的入口，很多知名的产品在自己的官网上卖的量很大。传播也有三个方面考虑，第一，线下要有一个主媒体。要让别人知道你是谁，可以花钱做电视广告、网络广告、车体广告、路牌广告。第二，要做百度搜索的关键词。比如，你是卖酒的，要把“白酒”这个关键词与自己的品牌做联系，可以花钱在百度做竞价排名。如果“白酒”这个主关键词太贵，可以采用副关键词“酱香酒”“商务用酒”等，至少你的产品要放在网上，让人一搜索就能搜到。第三，要做淘宝排名。淘宝的排名 50% 来自销量，还有 50% 来自店铺装修和客人的好评，把这些都做好就可以了。

以鲁花品牌为例，它的线下主渠道是在超市，线上的旗舰店在天猫，还有一个自己的官网商城。企业官网会让消费者感觉更放心，产品更有保障。在传播的三个方面，鲁花采用的是央视一套广告，网上百度搜索竞价排名几乎所有的花生油都是鲁花，淘宝排名中鲁花花生油也排第一。再例如，公牛品牌的线下主渠道是小卖店、五金批发店和超市，线上是天猫旗舰店，还有一企业的官网商城，传播上在央视6套做的广告，百度搜索把插座、接线板、开关等关键词做了竞价排名，在淘宝、京东、天猫上的排名，也占了绝大多数市场份额。

线上线下联合营销可以是品牌自己的线上与线下融合，也可以是异业合作。例如，百事和饿了么打造的“百事龙虾节”，营销的目的是实现品效合一，强化百事可乐的产品形象，提升百事品牌知名度与曝光率。通过策划品牌营销活动吸引消费者从线上转为线下体验购买，促进销售转化。首先通过在线上进行6个月对百事品牌预热，以“龙虾节”为话题点，借势营销。从线上连接粉丝，到线下体验互动，提升消费者好感度，加大百事品牌的直观感受，具化百事品牌形象。活动初期进行了前期铺垫预热，刷爆朋友圈。活动初期，在微信朋友圈及官方公众号发起“小龙虾，你最爱什么口味?”的线上投票活动。凡是参与投票的人，都有机会赢取龙虾券，全程龙虾免费吃。同时，饿了么平台开展了为期三天的广告强制曝光，精准锁定目标受众，打造立体感和观赏性都具备的视觉冲击体验。最后，百事和饿了么联合发布，设计百事超级品牌日，结合网红探店直播的形式，为线上用户同步发布，结合百事生活态度场景的打造，将百事产品以态度海报的形式进行传播输出，促进商家、顾客、网友粉丝的多向互动，实力圈粉年轻消费群体，进一步实现用户导流和购买转化。直播过程中，万元锦鲤红包不定时发放，限量版明星签名照及周边赠送等。随后抖音、快手、小红书等平台结合传播，将龙虾节打造为全网事件，广泛吸引关注，实现品牌强势曝光，品牌声量持续扩大。

未来的营销是属于Z世代，需要全渠道创新销售，既要以抖音、快手、小红书为代表的社交媒体平台在线上进行创新业态，又要在线下选择公交、地铁、电梯、户外大屏等多种场景作为营销点，实现新人群、新需求、新渠道的数字化运营管理。以此构建一个品牌自有的、线上线下一体化、全渠道公域私域联通、数字化可控的全域阵地。

第七章 裂变增长：从早期用户到规模用户

拉新：低频到高频，存量带增量

拉新是指拉来新用户，最直接的指标是新增用户数。用户拉新，无非是把 App/ 公众号等推广出去，进行品牌曝光，提高 App 下载量、注册量，提高公众号关注人数等，最终实现用户增长裂变。用户拉新的方式有很多，需要根据自己产品的目标群体进行有针对性的推广。

拉新包括吸粉、引流、涨粉，这是公众号运营的第一大难题。拉新的方法有很多，最常见的有以下几种。

（1）分销裂变。通过分销收益实时到账微信零钱的方式，刺激用户主动分享转发，从而实现裂变拉新。分销的层级可以分为一层或两层，一层就是，A 把产品分销给 B，A 能获得奖励；两层就是，A 把产品分销给 B，A 能获得奖励，B 把产品分销给 C，A 也能获得奖励。如果是永久绑定的分销关系，A 把产品分销给 B，A 和 B 就形成永久绑定，以后 B 每次复购社群的产品，A 都可以获得奖励；如果是限时绑定的分销关系，A 把产品分销给 B，A 和 B 之间的分销关系只在规定时间内存在，比如一个月，如果超过一个月 B 再复购社群的产品，A 就没有奖励了。分销的佣金可以设计为固定佣金和百分比佣金两种。固定佣金就是分销一个产品，获得一笔固定佣金；百分比佣金就是，分销一个产品，可以获得产品总销售额对应百分比的佣金。如果进行分销裂变，则需要设计合适的门槛、合适的分销层级和合适的佣金。

（2）任务裂变。通过完成相应任务可获得相应奖励的方式，刺激用户分享转发，实现裂变拉新。如朋友圈保留 × 小时、分享到 × 个群、邀请多位好友可获得礼品等。通过活动奖品吸引用户，让用户邀请好友助力完成既定任务，领取奖品。在裂变过程中，用户分享传播得到好处，主办方提供奖品获取粉丝，互惠共赢。

（3）组队裂变。通过组队 PK 的方式，刺激各个团队成员主动分享转发，从而实现裂变拉新，官方招募队长，确定队长人选后，队长自行招募队员。例如“蚂蚁森林合种”就是一个组队 PK 的方式。可以邀请家人、朋友等与您一起搜集能量，一起种树的功能。可以创建的合种小队有爱情树、家庭树、好友树，每人最多可以参与 10 个合种小队。其中，爱情树小队限制 2 人、其他小队最多可 60 人参与。再例如“微信读书抽卡组队”互动，是微信读书的每周日常活动之一。以读书卡为奖励钩子，吸引用户通过邀请 5 个用户组成一个小队，队伍满员后可在固定的时间获得奖励。

（4）现场裂变。通过在线下活动中设置奖杯、证书的方式，刺激参与活动的用户主动分享转发，从而实现裂变拉新。适用教培、知识付费行业的线下训练营临结束时间，因为这个时间用户已经对机构比较认可，不会像刚开始时那么抵触这类活动。要给出吸引顾客的小福利，拉新小福利需要考虑到的内容有很多，比如预计拉新的人数、成本、话术、海报，等等，每个环节都要考虑到。

（5）内容裂变。通过持续输出垂直、高质量的内容，吸引用户分享转发，从而实现裂变拉新。比如知乎问答、公众号文章、抖音快手视频号的短视频，或B站中长视频等。在自媒体上投放的内容，接受者在没有付费的情况下自动转发，就是裂变。裂变是内容的自我复制。想要实现内容裂变，离不开三个条件，分别是有持续恒定的价值观、围绕人性和调性开展内容生产、内容的持续输出和某个领域的专业度。比如，法学教授罗翔打造了一个“法外狂徒”张三的虚拟IP人设，竟然在B站有几百万的粉丝，更是有了“张三宇宙”“张三普法”“张三日记”等系列的不同账号。罗翔老师被称为：政法界郭德纲、刑法单口相声一级选手、新晋B站顶流、一天一百万粉丝光速涨粉机、法外狂徒张三创始人、一丝不苟治学严谨的B战法考第一网红等，这就是内容裂变。

（6）口碑裂变。通过维系好老客户，并提供超出预期的服务，来激发用户主动分享转发的动作，从而实现裂变拉新。适合一些会员制的App、团体主要用的都是这种裂变方法。简单点说就是深挖客户的社交资源，将促销、拼团等宣传活动由一个客户辐射到他的“社交圈”，来实现客户的低成本高效裂变并形成由宣传到建立鱼塘再到完成交易的“闭环”操作。裂变其实很容易，难的是口碑基础建立，想要实现口碑裂变，离不开从“价值输出、客户需求、极致服务”等方面建立基础，后续才有自然而然的裂变。

（7）地推裂变。地推就是在线下人流量比较大的地方进行推广引流，形式一般可以通过送小礼物来达到引流目的。通过在线下发放合适的礼品，来让用户扫码关注或下载 App，从而实现裂变拉新。比如，美团团购、叮咚买菜，使用这种方式时要注意场地和人群的选择。地推裂变可选择的场地包括社区、快递站点、公园、大学门口或者宿舍楼下等。

（8）拼团裂变。利用 2 人、3 人、5 人成团可获得相应优惠力度的方式，刺激用户主动分享转发，从而实现裂变拉新。以往的拼团是用户为了得到优惠而抱团的一种购买策略，但自从拼多多、滴滴、瑞幸咖啡多种方式运用后，现在拼团变成了社交电商下商家的一种重要营销手段，也是拉新裂变非常有效的方法。最常见的普通拼团，即任何人可发起拼团和参与拼团，没有任何限制条件。除此之外，拼团还有另外几种玩法：拉新团（老用户开团但不参团，新用户既可开团也可参团）、团免团（新用户注册，平台可直接送用户一张团长免单券）、超级团（需要人数多，根据成团人数商品价格呈阶梯式下降）、秒杀团（需要突出时间紧迫性，增加秒杀倒计时，多用于直播带货）、抽奖团（把拼团和抽奖完美结合起来，是拉新常用的活动手段）等。

（9）联合裂变。即周边商家合作，共同实现裂变拉新。这种裂变方法比较适合同一商圈，比如，某商圈教育机构联合起来。每家提供一些福利，组成超值大礼包，对用户来说非常超值，对机构来说每家都能裂变新用户。例如，门店广告位、线上公众号、自媒体等渠道资源进行互推共享，互换流量。商家之间进行客户信息共享，打造公共客户池。一个商家的商品或服务可以作为另一个商家的赠品，或者是多方代销分成。异业合作开展联合促销活动，或者是搭建联盟会员积分体系，积分兑换、抽奖相互引流。

复购：产品持续销售的重要环节

复购率，是重复购买率的简称，指消费者的重复购买次数。重复购买率越高，则反映出消费者对品牌的忠诚度就越高，反之则越低。

复购，是指消费者在一段时间内再次购买同一品牌或同一产品的行为。复购是企业经营中非常重要的一环，因为它可以带来稳定的收入和客户忠诚度。对于消费者来说，复购也是一种信任和满意度的体现，说明他们对产品或品牌的质量和服务有信心。

企业可以通过多种方式促进复购，例如提供优惠券、会员制度、积分兑换等激励措施，以及提高产品质量、提供更好的售后服务等。此外，企业还可以通过数据分析和市场调研等手段了解客户需求和购买行为，从而更好地制定营销策略和产品规划，提高复购率和客户满意度。

品牌想要做好，复购率就是命脉，因为营销的本质做的就是复购的生意，我们每天的消费需求都与产品有关，同一种产品都可以有好几家店，对消费者来说选择太多了，对商家来说就是消费的不确定性太高了。这也造就行业的竞争不只是在于每天的“抢客”，还要抢顾客下次，下下次，重复不断的消费。

复购率是消费者在一段时间内，对某个产品或品牌的重复购买次数，复购率越高，说明产品越受欢迎。而在不同行业中，复购率的标准也有所不同。以食品行业为例，实现 20% 的复购率属于及格，30% 的属于表现良好，40% 则是非常优秀，而 50% 则可能是一个现象级的产品。如果达到了 80%，说明产品具有很高的成瘾性。

商家提升顾客复购率的关键有两个方面：一是产品力，二是营销力。如果自身的产品对比别家的不差但也不是很突出，就要在营销方面发力。品牌做私域运营就是为了复购。

做品牌如果没有老客户的复购，很难赚到钱，拉新的成本较高，如何提高复购率才是企业和品牌需要持续关注的事情。促进回购的本质是老客户已经对品牌产生了信任感，下次购买的时候仍愿意选择这家。

品牌只有保持客户流量，才能受到用户的持续关注和青睐，就像用惯苹果产品的客户，所用的电子产品都是苹果。信任了华为产品，就会成为华为品牌的忠实用户，就是这个道理。影响复购率的主要因素是产品人群和品类。年轻人通常喜欢尝鲜和冲动消费，所以他们的复购率相对较低。而妈妈们在购物时往往会做更多功课，购买过程更加深思熟虑，因此她们的复购率会相对较高。另外，品类也会影响复购率。比如，卖高档商品如钻石黄金等产品，复购率自然会较低。如果卖酒水饮料复购率就会较高。

保持客户流量并提高复购率，有以下几种方法。

1. 提高商品的性价比

想让用户持续回购，有两个基本的条件：一是产品够好，二是价格适合。物美价廉才是商品的性价比，也才是品牌生存与发展的根本，如果做不到物美价廉，物美仍然是第一要义。好东西永远不会被埋没，也能够让用户持续产生回购的愿望。确保产品的质量、性能和设计符合消费者的需求和期望，提升用户体验。例如，开了1000多家店的“足力健”老人鞋，就是创始人对于产品深深的执念，他把小米奉为学习对象，坚持打造优质低价的产品，将“以用户为导向”的观念深扎心中。

2. 发放优惠券

无论是线上还是线下，同样的商品如果让用户看到有优惠，就会勾起用户的购买欲望。优惠券就像足球比赛中的临门一脚，能够最大限度地促使客户心情愉悦地下单。同时，使用优惠券还能提高店铺好评率，商家可以与客户约定，凡是给出好评的客户，即可享有优惠券。如果是进店的客户，想让产品便宜点，可以守住价格底线，但在客户付款以后要离店的时候，可以送给客户一些额外的小礼品。

3. 优质的客服服务

客服服务是连接客户与商家的一道桥梁。当客户进入店铺询问商品时，客服的回应是否专业、快速高效并能清晰描述商品的时候，往往能为成交起到很大的助推作用。当客户问到涉及商品的款式、使用方法、注意事项的时候，客服应该详细回应，让客户感受到商家的专业，由此建立信任，有了信任自然能提高回购率。

4. 建立及时的问卷调查

客户收到商品使用一段时间以后，商家要主动调查询问客户的使用感受，以及哪些地方还需要改进，哪些流程需要优化。要让客户感受到品牌的诚意。通过问卷调查和客户反馈，有利于提升产品的品质。提供优质的售后服务，关注客户反馈，及时解决客户问题，树立良好的品牌形象。

5. 精细化分层

对照不同的客户群体和需求进行“千人千面”的营销，做到精准化、个性化地推送。把品牌各个平台中，客户的行为足迹、会员信息、订单数据等信息收集起来，组合成为一幅客户画像。通过客户的各种行为、消费情况、聊天内容等，为客户标记一些标签，比如用户的消费偏好、消费能力等。

6. 优化服务和体验

如今的消费，已经不单单是消费产品本身，服务也成了产品的一部分。所以，企业很有必要通过定期升级服务内容和体验来给用户创造惊喜，带去好感。没有人会喜欢一成不变的产品和服务，尤其是一些服务性行业，如酒店、餐饮、美容美发等，更是需要提供差异化服务来留住用户，提升品牌忠诚度。

7. 定期推出新产品和服务

企业一方面可以从产品包装、材料、样式、功能甚至代言人等方面入手。总之，要让用户看到企业的变化，因为喜新厌旧是人的本性。另一方面，可以定期地推出新的产品。这和上面的不同之处在于，不单单是“新瓶装旧酒”，而是要开发“新酒”。因为新产品不仅可以带来新的用户，还能满足老用户的新需求，这样就可以提升老用户的复购率，让他们向超级用户发展。

8. 减少对用户的负面影响

品牌要想让用户复购，最重要的一点是不能有负面影响。比如欺骗用户、随意降价、服务态度冷漠、与客户沟通的时候出现过激言论甚至辱骂客户的行为，这些看似小事却能给用户带去伤害，最终导致用户离开。用户离开的后果不但他不再复购，而且还会把负面的口碑传递给更多的人。

9. 积极回应并解决用户提出来的问题

用户向企业提出意见是好现象，要比默默说再见好。如果用户提出的反馈，企业不能及时回应，也不提出解决方案，就会让用户以为企业不重视用户，情况严重的话，会撕裂原本存在的信任度。所以，品牌要积极回应客户的投诉和反馈。

10. 不定期地关怀老用户

主动对老用户进行关怀。这个时代物质足够丰富，用户的选择非常之多。如果企业的产品没有足够的质量优势、价格优势，用户凭什么还来买？这时候就要看用户跟谁的情感更深。如果能够对用户进行有策略的关怀，比如每年赠送生日礼，对特定高价值用户提供定制专属，这些额外关怀会帮助企业赢得用户的亲近感，得到更多信任，同时也在创造友好的主动曝光。至于每家企业主动关怀的周期、频次、形式，这需要结合企业的情况来设计。

11. 打造积分体系

积分体系是客户关系管理的一种手段。它让用户花的每一分钱都能转化为积分，不论是用积分兑换权益还是兑换礼品，用户都会觉得花掉的钱最后都回报到自己身上，有一种额外的获得感。这不但形成了一个消费闭环，也能激励用户更多地消费，建立用户忠诚度。提升复购可以加速超级用户转化，而打造超级用户，本质上是建立一个付费会员体系，最终的目的是维护用户关系，进一步刺激复购。

裂变：老带新实现低成本获客

麻省理工学院的研究数据显示，在新客与老客带来盈利相同的情况下，获取新客的成本比留住老客的成本高出 16 倍。所以在业务系统中客户量已经有所积累的情况下，比起增加新客数量，把忠实用户的发展重心，放在老客的运营培养上，似乎更具有性价比。而真正的营销裂变离不开老带新。

分享是每个人的基本需求，当他发现一个好用的产品的时候，一定会分享给身边的人，所以就有了“口碑效应”，而口碑往往是由老客户创造的，老带新能够实现低成本获客，实现成功裂变。

据调查，80% 的人之所以购买一件东西，基本是因为听了别人的介绍。做品牌卖产品，一定要牢记：朋友介绍胜过任何广告。

比如，一群妈妈在一起带孩子在小区散步，聊起了奶粉品牌，一般大牌子大部分都在广告上见过，如果这个时候有妈妈说：“我家宝宝喝的这款奶粉，脂肪和糖含量都不高，而且有特别多的益生菌，口感贴近母乳，孩子爱喝还不上火。”我相信，很多妈妈会从心里倾向于这位妈妈的分享，如果再要是说些便宜又好，还有其他福利的话，那一下子就能带起其他妈妈的好奇心和购买欲望。

很多品牌的新用户中，可能有很多是间接或直接来自朋友的推荐或介绍，一个经转介绍而产生的客户，通常会比大多数以其他方式争取来的客户花更多的钱、买更多的货，让你赚更多的钱。这种转介绍并不难取得，转介绍会带来下一次的新转介绍，并可以不断地繁衍。

大部分的商家都花了不少时间和精力在广告宣传上，其实只要花一小部分时间和金钱，开发一个转介绍模式，效果可能就会好很多。肯定会有人问了，那如何创建一个转介绍模式呢？

有人认为只要给老客户实惠和好处肯定就能得到转介绍，其实不然。单纯给老客户实惠和好处不一定能让老客户主动转介绍，因为涉及信用问题，一旦产品不好，新客户会认为是老客户为了利益才拉自己的，这样不但没有好处反而会有坏处。

到底什么样的动力能让用户拿自己的信用，为别人的产品背书而做义务宣传员呢？

首先，产品和服务足够好。当你的产品和服务让老用户用着喜欢，并能满足他们的需求，得到了老用户的认可，他们才会真心去作推荐和分享。其次，用户作推广以后能得到什么好处。一般有两种情况会让老客户转介绍：一是朋友获益，二是自己获益。朋友获益就是好的东西不分享给别人对不起朋友，自己获益就是朋友付钱购买自己能拿到提成。真正的动力往往是朋友获益更能让老用户产生主动分享的动力。对于自己获益这件事，很多人不会为了拿到不多的提成而去冒让朋友觉得自己“赚朋友钱的”这种名声风险。

所以，真正能够成功的是要让朋友和自己都获益，而且朋友获益在前，自己获益在后或很隐蔽，这样才会让老客户主动转介绍。

比如，把给老用户的提成变成红包，当他的新朋友首次下单，系统送出 100 元红包，两人各得一半，这样老客户和他的新朋友都会觉得这是意外所得。饿了么和滴滴都在用这种方法促进转介绍。

再比如，可以把提成变为积分，用于兑换礼品。积分的背后其实就是现金，但积分的好处在于让用户感觉拿的不是钱，从而不会产生“赚朋友钱”的愧疚感。比如一些会员推荐新会员加入，就可以得到积分，积满多少分可以兑换礼品或第二年年费等就是这种模式。

还有一种方式是把提成变抽奖的模式，万一真中奖了，老客户会觉得这个奖品是靠运气赚来的，而不是从朋友口袋里掏出来的。

如今想开店并能很好地经营下去，第一离不开客源，第二离不开老客户转介绍新客户。想要实现老带新，你的产品和服务必须让他们感到非常满意，他们才会重复购买并介绍别人来购买。只要顾客用得好，他们不仅自己用，还会主动地推荐给自己的朋友用，如果一家店能建立起顾客的忠诚度，那么你的潜在客户会越来越多，你的店面人气也将会越来越旺。

营销通常讲“不要回头货，只要回头客”。由于用户的忠诚，从而为降低成本、增加利润创造了条件。那么，想让老客户转介绍，你首先要得到老用户的忠诚。

用户的忠诚都来自哪几个方面呢？

1. 迫不得已的忠诚

也就是客户没有选择的余地，比如我们家里一直使用中国电网，理由很简单，因为电网独此一家，没得选择。

2. 习惯性忠诚

比如，有的人使用中国移动的号码时间长了，也不顾忌是不是省钱，不爱更换其他的通信服务，这就是一种由惰性造成的习惯性忠诚。所以，每家移动通信商都是在办卡的时候主动让利，经常是“0”元办卡，而且在第一年还时不时地赠送大量的免费流量，目的就是培养消费者的消费习惯。

3. 利益忠诚

这种忠诚源于企业不断给客户利益刺激。例如，同样两家企业 A 和 B，产品质量差不多，服务水平也大概相等，而你是 A 的会员。在 A 消费的时候你觉得有会员价便宜，一旦某天发现 B 的价格更诱人，你会弃 A 选 B。再比如，经常出差的人知道，如果你是某航空公司的白金或钻石会员，会享受到不同级别的待遇，你会变成这家公司的使用者，这都属于利益忠诚。

4. 体验忠诚

这个很好理解，比如使用一款产品发现安全、好用，而且性价比又非常高，这样一来就会喜欢上这款产品，变成死忠粉。比如，苹果的发烧友大部分属于体验忠诚。没有使用苹果产品之前，只觉得苹果产品贵，一旦用过以后，觉得产品用得好，就顺理成章变成苹果产品的粉丝。

5. 认同忠诚

拥有这种忠诚的用户一般受个人价值观驱使，一旦形成很难改变或撼动。比如，对于很多奢侈品牌的消费者就属于此类，用 LV、开宝马，穿普拉达等，这不仅是认可某个品牌，而是一种身份和价值的象征。认同类的忠诚有很强的跟风性和稳定性。这是人的社会属性的根基。所以这种忠诚是企业能够做到的最高境界，并且影响深远。

餐饮界人人都知道海底捞是一个口碑非常好的公司，消费者忠诚度高。为什么呢？因为海底捞的服务做得好。

印象最深的就是去海底捞的洗手间，洗手间有人递毛巾其实没有什么，是个常规性的服务。但是海底捞它没有安排小姑娘小伙子在那儿递，它安排的是一些年纪大的老爷爷老太太，一脸慈祥地把热毛巾递给你的时候，这种温暖的感觉是不可取代的。这就是在创造消费者的惊喜，有句流传语：地球人已经无法阻止海底捞做服务了。它创造惊喜的部分还不止于此！所有常规的服务形式已经无法去打动消费者了。要创造惊喜的服务才能去打动消费者。想要赢得用户，获得用户忠诚度，最好的办法，就是超越用户期待，让客户购买到惊喜，感觉有价值。这样他们才会心甘情愿地成为口碑传递者。那么，在实现老带新转介绍模式下，有哪些注意事项呢？

1. 转介绍模式是建立在你真正关心客户的基础上的

不要让自己变成一种商品，而是你应该把注意力放在如何为客户的生活或事业做出贡献上，这些都会对结果产生影响。最常用的方法就是提供转介绍客户的激励因素，包括优惠、额外服务及客户认为有价值的东西。

2. 转介绍的根本建立在“信任”的基础上

之所以会转介绍，一定是因为信任某个品牌或企业。没有信任这关，不但不会转介绍，而且老客户也会流失。所以企业一定要打造让消费者信任的产品或服务。一般有三个方面：客户对于销售人员信任，对于产品信任，对于产品的售后服务信任。我们常见的粉丝经济，大部分集中在对于品牌、网红本人等的信任关系，也是基于如上三种形式。

3. 经常性地关注和了解客户的满意度

只有客户满意度一直维持在一个很高的水平，才有可能有后续转介绍的发生。如何了解客户满意度呢？问卷调查是其中一个手段，但不是很明显，往往客户填调查问卷的时候不一定会如实反映。最好的方法应该是在客户购买产品后当面问询，客户往往会说出自己的真实想法。也可以通过日常的销售数据来考量客户满意度，订单持续不断说明客户满意度很高。通过数据对比可以较透彻地了解客户真实的满意度。

转介绍拼的是“口碑效应”，所以，想要让老客户产生转介绍的动力并带动新用户，最根本、最核心的还是要追求产品和服务过硬，好产品自己会说话，好的服务就会口口相传，产生真正的裂变效应。

维护：运营规模用户流量池

私域流量池的构建，并不仅仅是确定一个主流量池或者具体的流量载体，不能以一个单一的点去看，而是应该从流量运营的整个过程去看待它。私域流量的规模化运营的最终目的都是希望能够通过流量运营来实现驱动企业业绩增长的，核心就是在不同渠道中通过不同方式获取的流量，以用户的形态汇集到能够自主管理且可控性强的载体中进行有效管理与运营，以实现更好的变现等商业价值。所以用户关系的维护，是企业提升业绩、建立品牌影响力的基础。在具体的流量载体和营销工具的选择上，我们主要思考企业营销策略和运营策略能否跟产品相融合，以这个点作为选择的重要标准。

如果对私域流量池下一个定义，那么首先它应该是一个属于企业的客户池；其次，这些客户需要符合以下3个核心要素：（1）实时在线。如果客户不是实时在线的，则意味着这是个死流量，无法触达，更谈不上转化了。（2）实时可触达。只有通过触达，企业才能将营销内容传递给客户。（3）可成交。因为营销最终的目的就是成交。

据统计，麦当劳有8000多万私域用户，这才是麦当劳变现的核心，非常值得线下门店去模仿，从用户进店到用什么方式把用户变成你的私域流量，这是所有做私域的门店都要考虑的事情。

麦当劳的私域流量是所有企业里边做得最全面的，麦当劳通过一系列的布局让用户转向它的小程序App或者社群。从用户进门那一刻，它已经设好了所有的局，等着你进入它的社群；你在推门那一瞬间，玻璃门上就有宣传海报介绍你加入小程序会有优惠，下载App的优惠；等你走到自助点餐机的位置上面会有个KT板，还会有现场工作人员推荐或介绍让你去主页上下单有优惠，那你放弃了去人工台，然后你点餐的过程会有店员给你介绍使用小程序或者在App的福利，甚至头顶上还会有一个横幅，加入福利社区有哪些优惠。等你在取餐的过程中，店员会继续给你介绍，下完单去吃饭的时候桌子上还会有小程序或者下载App的活动，麦当劳在每一个环节都在把进店的消费者引向它的私域社群。店内每一个环节都有可能被拉入。

这种布局就值得线下门店学习，一旦进入麦当劳的私域流量池，就升级成了运营的主要目标，比如说 App 里的很多链接点进去的都会有活动推荐福利相册，不论是新加入的会员还是老会员，都会有单独的页面。总之，每一步都会告诉你有福利价格很适合，然后转换成变现的途径。

值得注意的是麦当劳私域流量还有两个非常亮眼的点：一是它的设计让消费者感觉很占便宜，就是从周一到周日每天都有福利，周五也有单独的品牌。二是它的会员制和卖的会员卡也很新鲜，会给消费者一个身份的归属感，有早餐卡、外卖卡、家庭卡，几乎是每个场景麦当劳都替消费者考虑到了，而且开卡的费用也比较便宜，基本上只要消费一两单就可以有资格开卡，所以说很值得用户去体验。

麦当劳通过这样的方法吸纳了会员，打造了专属自己的私域流量池，这样会让自己的运营更有层次感，变现也就理所当然了。

企业怎样才能维护和运营私域流量做好运营推广，增加企业的核心竞争力呢？

1. 运营者 IP 化

企业做规模化私域流量是需要花功夫的，需要一个懂用户运营、擅长用户运营的人来做，这个人需要形成 IP。私域是长期关系的培养，本质上是对用户的精细化运营，把用户攥在自己手上，可以随时直接触达，反复利用，从而形成回流。 在这种情况下，你就需要拥有一个自己的个人

IP，通俗一点来说，就是你需要拥有一个属于自己的、独一无二的IP人设。比如，典型的代表人物如小米雷军，无论是微博、微信公众号、今日头条……他都经常在上面发表文章和个人言论，其个人自媒体延伸出来的矩阵媒体，更是数不胜数。

2. 打造品牌人格化

站在用户的角度上去考虑，把公司对消费者的触达变成个性化的人，获得好感，吸引用户，拉近企业和消费者的关系。即使是私域流量也需要有品牌，有IP才能做，如果没有品牌，不具备人格化识别特征，很难形成私域流量。这里既可以如同雷军这种创始人人格化的IP打造，也可以如蜜雪冰城产品“雪王”IP，甚至可以是虚拟人的个人品牌。

3. 会员维护

很多私域流量维护和运营不是败在流量，而是败在用户关系的维系。当私域流量池成了规模，后期的关系维护就是一个精细活了，可以通过社群或者朋友圈、粉丝团等做活动或服务的方法来运营留存用户，依靠服务来达到转化。以泸州老窖为例，系统显示有1000万名会员，但事实上真正活跃的会员数量不到100万名。显示的会员信息十分混乱，一个酒企通常拥有多个子品牌，每个品牌都建立了自身的会员体系，有不同级别和会员积分兑换制度。以泸州老窖为例，同一个消费者可能既喝国窖1573，也喝窖龄酒，那么在数字化上，泸州老窖是给消费者设置两个会员代码，还是两套会员级别并行呢？因此对于存量用户（会员），泸州老窖构建了统一的会员平台，让不同子品牌的会员能共享积分和权益，有力刺激产品销售。这种做法就是一种对用户关系的维护。

4. 释放私域流量的更大价值

品牌方布局私域，大部分看重的是私域的用户池，可以高频无成本地触达用户，似乎通过这种方式就能给品牌带来利润，这是私域的卖货价值。但是私域不只是卖货，私域运营好还可以实现产品研发价值和品牌价值。如何发挥私域的产品研发价值呢？第一，不要怕麻烦用户。他们非常享受参与到共创的过程，且对品牌的归属感能大大提升，多和用户聊聊，问问他们现在想要什么，相信你的品牌也能做得更好。第二，在开发新款前，先在私域里面开启预售。通过私域的预售情况判断款式能不能做，一旦预售量不错，再上架到公域平台，这样能够降低花钱投流带来的成本风险。那私域如何发挥品牌价值呢？用私域不但能够做品牌扩散，同时用私域还能创造品牌内容。所有的品牌都值得做私域，只是不同的赛道，不同的品牌，不同的客户群体，私域的玩法也大不相同。

运营私域流量离不开知识、场景、分享和工具。以“益生元”品牌为例，益生元创建了自己的App平台，并在平台加入了知识普及板块，请专家普及益生菌知识，让更多的人了解益生菌的健康知识。并且让私域中的粉丝只要从头到尾看一遍健康知识，回答上面相应的问题，就可以领红包。为了领到红包，粉丝几乎每天都翻看健康知识，这样一来，粉丝不但对产品有了信心，还转介绍了更多的客户加入。总之，运营成功的私域流量，都离不开内容的打造。一家企业也好，一个品牌也罢，要想让粉丝得到深度的教育，想让大家一起来维护生意，除了经营产品之外，最佳的选择，还是要对自己的平台文化、平台内容进一步优化和经营，这样私域粉丝裂变才会越来越强。

第三部分

行动：小品牌也能成为营销裂变黑马

第八章 多渠道营销管理

品牌营销的数字化全域渠道转型

近年来，随着外部消费环境、主流消费群体及消费需求的变化，营销手段、渠道以及技术正在经历一场全新的迭代。传统的广告渠道如电视、广播、报纸等已经不能满足消费者的需求，因为消费者越来越倾向于使用数字渠道来获取信息和购买产品。因此，品牌营销需要更多地关注数字渠道，如社交媒体、搜索引擎、电子邮件等。这些渠道可以帮助品牌与消费者建立更紧密的联系，提高品牌知名度和忠诚度。此外，品牌营销还需要更多地关注移动渠道。随着智能手机的普及，消费者越来越倾向于使用移动设备来获取信息和购买产品。因此，品牌需要确保其网站和应用程序在移动设备上的用户体验良好，以吸引更多的消费者。

现在已经不是“大市场、大批发、大流通、大占有”的时代，“一招鲜”的时代已经过去。竞争压力和环境变化使企业的运作与管理越来越精细化，当然，也要求渠道运作是细致的、有针对性的，以便深入市场。越来越多的企业将自己当成渠道的重要组成部分，而不是脱离于渠道之外。

过去，很多业务员从来不跑市场、不拜访下线经销商了解货物销售情况，不走访终端了解市场真面目。他们认为，市场竞争的关键是代理商、批发商，只要看紧他们的进货资金与仓库，和老板谈妥进货计划，就万事大吉了。事实上，经销商能否向企业进货，完全在于企业产品能不能销售出去。要解决产品竞争问题，企业只有找更多的一线业务员指导代理商、批发商做好铺货、维护、生动化陈列等工作，才有可能提高渠道的竞争力，进而提高产品的竞争力。

营销数字化转型是企业品牌数字转型的第一步，也是最重要的一步。营销作为大部分品牌建设的重要环节，需要面对外部环境的快速变化、营销渠道的迅速更迭以及消费者需求的不断变化，这些变化是营销每时每刻都需要把控的，这也体现了数字转型对品牌营销的迫切要求。

传统的电商流量经营正在向全域数字化经营演进，面对快速崛起的兴趣、社交电商等新流量触点赛道，消费品企业需要做得更精细，一次做对，实现线上全域流量数字化整合经营的快速战略抢位。在抖音等新流量触点赛道中，相对于家电等耐用品企业，快消类、美妆类企业对于流量的运营方法论更加成熟，其中的领先实践针对新流量平台已经建立自己的科学流量运营体系。例如，完整搭建了全体系渠道矩阵，如品牌官方旗舰店、品类旗舰店、达人专营店等；实现消费者全链路的完整贯通，搭载平台功能与工具实现链路强转化和沉淀；其线下渠道触点也不再拘泥于门店“坐商”，而是基于前端的新流量入口导流至终端多种获客“店”做承接，实现渠道和流量全线贯通融合、一体化联动协同。

例如，汾酒为了进一步抢占年轻人市场，打造了品牌宣传、文化营销、事件营销和数字传播有机融合的四位一体化数字化营销体系，从公关线、传播线、终端线和互动线同时发力，通过高品质的内容和数字联结方式打动年轻消费群体。汾酒集团搭建“融·汾享荟”小程序，能够承载会员用户，结合在线销售，对用户进行忠诚度运营，通过老会员分享邀请、海报邀请、面对面邀请的方式，进行更快速的裂变，在帮助汾酒有效获取用户的同时，也获得了渠道数据。汾酒集团在不断观察着年轻消费市场的需求，他们的结论是年轻人喜欢高颜值、高品质、高体验的产品。而要适应这样的市场需求，需要白酒企业把品牌宣传、文化营销、事件营销和数字传播有机地融合起来，实现四位一体化。典型的案例是在近年作为欧亚经济论坛的指定合作伙伴，进行一轮“让世界看到骨子里的中国”的四位一体的整合数字营销，从公关线、传播线、终端线和互动线同时发力。在互动线上，汾酒集团更是做大胆尝试，通过对微博微信大数据解析，设计“你骨子里的中国 STYLE，是谁？”的 H5 互动页，将每个人骨子里的“精神人格”具象化，青花汾酒的“古装 cosplay”刷屏，这一互动打破时空壁垒，将品牌的传统文化底蕴与深受年轻人喜爱的二次元文化巧妙融合，引发情感共鸣，一天就实现 86.5 万次的点击量，满足年轻消费群体对于秀自己的娱乐需求。这次尝试效果显著，不仅很好地传达了品牌基因和精神，还形成传播热点，更是让汾酒集团这样的传统企业一下子拉近和消费者的距离①。

① 案例资料来源：汾酒、泸州老窖、古井贡的数字化进阶之路，北京，智慧零售与餐饮，2022-11-30。

通过全面数字化的手段，将企业的各个业务环节进行数字化转型，实现全面数字化经营的过程。这种经营方式可以帮助企业更好地适应数字化时代的发展趋势，提高企业的效率和竞争力。

企业营销的全域数字化经营包括以下几个方面。

1. 数字化营销

通过数字化手段，将企业的产品和服务进行宣传和推广，提高企业的知名度和销售额。

2. 数字化供应链管理

通过数字化手段，实现供应链的全面数字化管理，提高供应链的效率和准确性。

3. 数字化生产管理

通过数字化手段，实现生产过程的全面数字化管理，提高生产效率和质量。

4. 数字化客户服务

通过数字化手段，提供更加便捷和高效的客户服务，提高客户满意度和忠诚度。

5. 数字化人力资源管理

通过数字化手段，实现人力资源的全面数字化管理，提高人力资源的效率和准确性。

全域数字化经营可以帮助企业更好地适应数字化时代的发展趋势，提高企业的效率和竞争力，是企业数字化转型的重要手段。

品牌竞争要找到对手和分析对手

企业营销不但要给自己的品牌和客户定位，还有一点不得不重视，就是要知道你的竞争对手是谁，同样的产品，是谁跟你平分秋色，甚至能够抢走你的钱。通俗地说就是既了解自己，又要了解竞争对手，百战都会立于不败之地；如果不了解竞争对手而只了解自己，胜败各占一半；如果既不了解竞争对手又不了解自己，每次都可能失败。

知己知彼，通过观察和分析竞品，能够帮助我们了解动态变化，市场格局，找到细分机会；获取灵感，吸收经验，策划优质活动。当竞品出现突发暴增的时候，也能够迅速跟进，被对手验证不成功的活动，我们也可以少走弯路。

要了解"竞品分析"，我们先来看看竞品代表的意思。竞品指的就是"竞争的产品即竞争对手的产品"，与分析组合起来理解，那它的意思就是"与竞争对手的产品进行比较和分析"。竞品分析，是指对同一市场或同一行业中的竞争对手进行详细的分析和比较，以便了解其产品、服务、市场份额、营销策略、品牌形象等方面的情况，从而为自己的产品或服务的发展提供参考和借鉴。竞品分析的步骤包括 5 个方面，具体如下。

1. 确定竞争对手

确定与自己产品或服务相似或直接竞争的竞争对手。

2. 收集信息

收集竞争对手的产品、服务、价格、营销策略、品牌形象等方面的信息。

3. 分析竞争对手

对竞争对手进行分析，了解其优势、劣势、机会和威胁。

4. 比较竞争对手

将竞争对手的产品、服务、价格、营销策略、品牌形象等方面进行比较，找出自己的优势和劣势。

5. 制定策略

根据竞品分析的结果，制定相应的策略，提高自己的竞争力。

竞品分析可以帮助企业了解市场的竞争情况，找到自己的优势和劣势，制定相应的策略，提高市场份额和竞争力。

在众多的商品面前，消费者的购物模式就是对他感兴趣的东西，进行挑选和对比，然后确定购买。所以营销就不得不在众多产品中，找到与自己属性差不多的产品进行对比分析。自己先模拟消费者的购买习惯，看一下对比之下，自己的产品与别的产品相比，是否会引起消费者购买的欲望。如果发现对手的产品更有竞争力，那我们就需要优化自己的产品。至少要找到一个标杆，作为参照，进行优化。这就是竞品分析的意义。

竞争对手的调研分为“品类内竞争对手调研”和“品类外竞争对手调研”两种。大部分品牌只是行业中的跟随者或游击者，面临的首要任务是在品类内的竞争中“活下来”，所以重点应是品类内的竞争调研。

（1）寻找竞争对手，找到品类内跟你是同一种产品的其他品牌。例如你做沙发，他也做沙发；你卖葡萄酒，他也卖葡萄酒。要想找得准，先要找得全。通过几种调研方法的综合运用，找到这个行业中尽可能多的同行，了解行业的全局。这样一方面可以建立全局观，另一方面对竞争对手做得好的地方可以有选择地借鉴学习。可口可乐的竞争对手不只百事可乐，而是所有可以喝到消费者肚子里的饮料。小米全面对标苹果，但是三星、华为、荣耀、VIVO 也不得不分析。

（2）找到品类外的竞争对手，也就是能满足消费者同种需求的其他类产品。例如，在火锅店，消费者想喝饮料，除了凉茶，还有可乐、啤酒、果汁、牛奶等其他多种选择，这时王老吉面临的竞争，不仅包括同品类的加多宝、和其正、顺牌等凉茶品牌，还包括可口可乐、汇源果汁等品类外的竞争品牌。王老吉是凉茶品类的领导者，其在凉茶品类已建立起认知优势并在市场份额中处于主导地位，在凉茶品类内提升业绩的空间已经不大。这时它的战略重点是要瞄准餐饮渠道中的其他强势饮料品类，转化其他品类品牌的份额。

（3）找到竞争对手的品牌价值链。其中包括品牌的使命、远景目标、市场进入、人群选择、价值定位、业务组合、供应链管理、产品定价、宣传和推广、渠道物流、售后服务等。品牌的情况包括品牌主张和价值，也就是品牌的调性是什么，是主打商务还是主打年轻消费者，是主打白领阶层还是创意阶层，这就是品牌的调性。竞争对手的产品情况，是导入期产品还是成熟期产品，是成长期产品还是衰退期产品，产品的优势和劣势，价格情况是什么。竞争对手的渠道情况，是直营、分销还是加盟？销售渠道的客户体验情况是什么。竞争对手的推广情况是什么，是线上还是线下，是什么内容和风格等。以上这些都分析到位，就能找到竞争对手的品牌价值链。

竞争对手的分析结果能给品牌带来三方面的价值，具体如下：

（1）明确自己的品类，找到自己的赛道是什么，能够对内对外都明确表达我是做什么的。明确自己属于哪个品类，从而可以快速地对接消费者需求。

（2）在明确赛道的基础上，找到品类的对标品牌。可以去模仿或者去讲故事，比如在打车软件这个赛道里，早期的滴滴就会讲是中国的 Uber，从而和对手形成对标。

（3）基于竞争对手的分析，去找到自己的差异化的定位和优势型的打法，从而在竞争当中战胜对手。

寻找自己的竞争对手，可以从两个方面入手，一是在品类当中寻找。比如你是做火锅的，就在火锅的赛道里找头部公司都有谁，比如海底捞、速食小火锅呷哺呷哺、垂直的品类如巴奴。然后再看你的品牌能否在其中找到自己的差异化位置和优势。二是在品类之间寻找。也就是什么品类可以满足用户的某个需求，比如帆书 App 的竞争对手不是掌阅，不是吴晓波读书，而是网络游戏，这就是站在杀死用户时间这个需求的视角下去考虑竞争的。所以，品牌需要站在用户需求的角度去考虑竞争，用户需要的不是一把锤子，而是墙上的洞，如果你能解决用户墙上的洞，你就有了竞争优势。

从竞争对手中，可以看到自己的价值，而从竞争对手那里会更快地学到对自己有用的东西，对方想了很长时间的主意，我们也许只需要学习一下便能够掌握。这就说明了解你的竞争对手，能让自己成长，进而打败竞争对手，这就是所谓的知己知彼百战不殆。

直播平台的裂变营销

互联网的普及、电子商务的蓬勃发展以及媒体技术的不断进步，使得营销的方式及媒介得以丰富。网络直播作为一种全新的营销方式出现在人们的视野，直播营销作为一种新的营销手段成为各个企业争夺的红海。直播平台营销产生的裂变也越来越受到企业的重视。

直播裂变营销是指通过直播平台进行营销活动，利用直播间的互动性和裂变效应，将观众转化为潜在客户，从而提高品牌知名度和销售额的营销策略。

具体来说，直播裂变营销可以采用以下几种方式：

1. 直播带货

通过直播平台展示产品，让主播进行产品介绍和演示，吸引观众购买。

2. 直播互动

在直播过程中与观众互动，回答观众提出的问题，增加观众的参与感和黏性。

3. 直播分享

鼓励观众在社交媒体上分享直播内容，扩大品牌影响力和曝光率。

4. 直播裂变

通过直播间的裂变效应，将观众转化为潜在客户，让他们在社交媒体上分享直播内容，吸引更多的观众参与直播。

直播裂变营销的优势在于可以通过直播平台实现实时互动和裂变效应，提高品牌知名度和销售额。同时，直播裂变营销也需要注意直播内容的质量和主播的形象，以及与观众的互动和沟通，才能取得良好的效果。

直播已经成为营销的常见模式，抖音快手在直播，淘宝京东卖东西也在直播，唱歌的 App 在直播，知识付费的 App 也在直播，明星大咖在直播，普通人也在直播。大家看直播不仅是一种时尚，还是一种获取信息，得到娱乐的途径。

直播不但带来了多种商机，同时也刺激了社会的各行各业。比如，直播强大的互动性为电商带来了新的能量；直播也为很多平台和品牌做了广告宣传与营销带动；影视圈的很多明星也开始玩直播，为电影、电视剧、代言产品等作宣传。

直播简单来说就是正确处理了传统营销中人、货、场三者的关系。

1. 人

无论是靠直播寻得别人的打赏还是实现卖货，一定离不开两种人：一是主播，二是观众。主播大部分都是先成为网红有了人气以后开始直播。比如小米的雷军在做直播，万达集团董事长王健林也和著名主持人鲁豫一起玩直播，再到现在主持人、商业大咖、明星都纷纷加入直播的队伍，有了网红效应直播带货都成了水到渠成的事情。

2. 货

主播的事情解决了，下一步就是要解决卖什么货的问题，怎么卖货。大部分直播都是靠人气很旺的网红带动起来的，所以货是商家提供的。有的主播自己就是商家，而有的电商平台或者直播机构，需要进行招商。在招商的过程中，核心考验的是两点：一是产品是否足够丰富，有没有爆款，产品的优惠力度是怎样的；二是服务能不能跟得上（这一条很关键，有的主播能力非常强，开播一天能卖无数，但后续商家能不能在短时间内发货就很考验）。如果主播卖得好，但后面发货慢，也会影响后面的直播卖货效率。或者产品收到后有了问题客服能不能及时解决。直播作为销售的一种模式，消费者很关键，要思考消费者需要什么产品，期待什么样的活动，会因为什么而感到惊喜。消费者在直播中，会因为什么而下单，什么样的时令节气需要什么，最近正在追哪些全网爆款。这些都是作为主播在选品、直播过程中，要注意表现出来的地方。毕竟，直播最终是为消费者服务的。而且，随着主播慢慢积累了客户或者是粉丝之后，更应该了解粉丝需要什么，喜欢什么。直播结束后，还要进行直播的复盘，次日直播计划、资料宣传、官方活动、商务对接等安排。

3. 场

做直播其实并不限于空间很小的直播间，而是会在多种场合直播。比如，有的人在田间地头做直播，有的在商场里做直播，也有的人在家里做直播，这些都可以归为直播的场景。要想直播做得好，对于直播间布置以及氛围如何也是很有讲究的，把主播放在一个什么样的场景中，突出什么样的形象，会对交易产生潜移默化的影响。直播场景的打造既可以自己打造，也可以请专门的直播机构来布置。直播卖货不只是直播间需要打扮，其实还有很多基础直播配套需要设计。比如在直播之前，进行一些与直播相关的宣传，比如海报、文字、短视频等。一些做得比较好的直播大咖，往往都会在微博、微信、快手号、抖音等有各种活动的预告。

想要通过直播达到裂变，有一些实战思路可以作为参考，具体如下。

1. 搭建商城

品牌通过小程序搭建商城，包括企业展示、商品展示、直播中心、商学院等模块，实现直播裂变 + 商学院裂变的承接载体。

2. 打造爆款

选定具有吸引力度、使用范围广且可做超值打折的商品，在直播中以限时限量的方式进行消费点刺激用户短时间内下单，增加转化率，从而打造爆款产品。

3. 运用直播分销裂变功能

设立各级分销体系、阶梯式的佣金比例、差异化拿货本金。鼓励分销员向高等级发展，刺激分享积极性，赚取更多佣金。

4. 自动锁客和一键分享

用户 A 可以一键分享直播间，其他用户 B 通过分享进入直播间后，便被自动锁定上下级用户，只要 B 下单，A 就可以拿到佣金。以此类推，终端便可层层裂变，迅速引流。

5. 用户预约视频号直播后生成专属邀请海报

邀请指定数量好友预约直播完成任务，即可领取商家奖励。好友只需预约直播即可助力成功，如果对活动奖品感兴趣则会继续分享形成裂变循环。将视频号直播预告海报、小程序推广在朋友圈、社群等宣传，主题明确且拥有吸引用户价值，对提升直播的预约量有良好的效果。一方面可以提高直播间的曝光度，另一方面也帮助筛选出意向明显的精准用户。

6. 设置企业商学院

面对私域流量粉丝设置课程，自由分类节数无上限，可设置免费课、层级课、付费课批量培养人才，完成专属线上的企业大学，保证企业高质量的持续发展。

直播行业正处在一个上升时期，并且不断产生新鲜的事物，做产品的可以直播，健身的可以直播，网红可以直播，普通人也能，所以直播不再是网红的专利，人人都可以做直播。或者更确切地说，人人都可以成为网红，人人都能直播。每个人都可以按照自己的喜好来选择自己要关注的主题，要想销售的产品，只要在自己的领域是长项，再考察一下用户的需求，直播 + 裂变将成为常态，也符合未来新型商业模式的趋势。

打造线上招商会引流分销

招商会能够起到引流裂变的效果，在数字时代，传统线下实体招商受阻，线上招商危中有机成商机，未来需要打造线上线下的招商会引流分销。

线上招商会是一种通过互联网平台进行的招商活动，通常由主办方邀请潜在的投资者或合作伙伴参加。参与者可以通过在线视频会议、文字聊天、在线展示等方式了解主办方的项目、产品或服务，并与主办方进行交流和洽谈。

线上招商会的优点包括以下几个方面：

1. 方便快捷

参与者无须出门，只需通过电脑或手机即可参加，节省了时间和交通成本。

2. 范围广泛

线上招商会可以吸引来自全国甚至全球的潜在投资者或合作伙伴参加，扩大了招商范围。

3. 互动性强

参与者可以通过在线交流与主办方进行实时互动，更加深入地了解项目、产品或服务。网络招商广告可以引导观众来到产品或服务的介绍网站，观看产品或服务的演示实例，对于软件产品，观众可以立即下载有关的演示操作版，体验到真实的产品或服务。让观众真正参与到其产品或服务中来，这在其他传统的广告形式中是根本无法实现的。

4. 数据记录

线上招商会可以记录参与者的信息和交流记录，方便主办方进行后续跟进和分析。

线上招商会是一种创新的招商方式，可以提高招商效率和效果，同时也符合现代化的商业发展趋势。

招商大会是企业针对经销商一年一度最重要的盛会。既能起到吸纳更多人才和资源加入平台，也能对已有的经销商起到支持与激励作用。举办招商会对于品牌方而言是展示企业实力、新品发布、强化品牌认知，业内发声以及传播造势。新产品研发出来，想要快速在全国市场铺货，占领市场份额，其最快速的方式无非借助全国各区域经销商的渠道网络资源和资金优势来开拓市场。这种方式相比自身运作要节省大量的人力、物力和财力。

招商就是企业将自身产品或服务信息、理念向外展示，以吸引下游客户代理销售，实现共同盈利目的的过程。所以对于企业而言，招商也是一次自我营销过程，吸引下游经销代理商是招商成功的第一步。如何打造节省成本的线上招商会呢?

（1）大量宣传造势。高频率地推广企业的招商内容，精准锁定招商对象。例如，酒小白一天刷100多条广告，还因此上了热搜，营销效果一下子达到了，营销项目很成功。

（2）筛选目标客户。在所有的品牌代理列出有明确需求的目标名单，他是什么人，以前干过什么事，适不适合做你的品牌，想不想做你的品牌，如果他要，他有什么担心和困难、顾虑，把这些都想清楚，再决定你所选的目标客户是不是精准客户。

（3）定向进群。招商是有门槛的，你的目标用户进群必须要交一定的费用，比如交99元进群领399元的产品伴手礼，同时还能抵扣699元的产品加盟费，并且还可以参加加盟商抽奖。

（4）分层递进。社群招商就像分批烧水，除了火要大，热度够，还要水足够少，开锅才足够快。所以，社群人数要慢慢增加，可以设定每天增加的人数，先从少量人数开始，从陌生人变成熟人，熟人才有信任，才会有生意，可以做榜样带动，在群内一定要带出真实榜样，让榜样带动其他人。

（5）做社群种草。提前做好招商铺垫，反复告诉别人，你的企业、产品多牛，多成功，反复灌输才能让别人相信，才有可能加盟。

（6）利用招商宣传片。用图文或视频的形式进行招商片的宣传，如果配合了直播就会更有效果和说服力。

（7）总结和传播。在招商大会结束之后还要继续传播，去持续影响那些当时还没有成交的客户，做好会后跟单。如果有线下的招商大会，可以把线上与线下招商会结合起来进行，做到一加一大于二。

以“茅台酱香万家共享”招商代理为例，茅台酱香万家共享脱颖而出，抢占新蓝海，闪电般持续扩张，突破传统酒业，以实力攻破市场壁垒。加盟茅台酱香万家共享，即可成为茅台系列酒品牌区域经销商。茅台酱香万家共享主打一线和二线酱酒品牌，包括三、四线的都有，拥有酱酒核心产区 100 多款优质产品，从低端到高端应有尽有，可随意配货，丰富的产品线，满足客户的全方位需求。将实体店与互联网相结合，改变了传统渠道酒水代理和卖酒模式，线上线下的双轨运营，实现卖酒更轻松！

在招加盟商的时候，可以通过线上和线下两种渠道进行推广。线上通过抖音平台、微信平台、微博话题、招商网站、网页论坛、报纸杂志、搜索引擎等。线下通过人脉延伸、员工和顾客延伸、加盟商延伸、招商展会、同行业整合等。

第九章　数字经济时代全局营销裂变

产品要占领主流消费者心智

只有占领消费者心智中的产品，才能是畅销的产品。好的产品，必须要有好的宣传，优质的产品，还应该是有特点的产品，还必须是会宣传的产品。顾客认，销售用，对手恨的产品，才是好的产品。

人们感叹生意越来越难做，很多商品被辛苦制作出来之后，但却一直不得人心，企业也摸不懂消费者到底喜欢什么。所以在当今这个流量时代，很多商品被花大价钱去制作广告，然后请明星网红代言，但最后回报却很一般，但不花钱买流量似乎又没什么更好的方式。虽然大部分企业生存维艰，但知名的消费品并没有受到太多影响，例如美的电器、海天酱油、农夫山泉、茅台酒等，因为品牌已经成为消费者心智中的默认选项。在消费者的潜意识中，买东西就要买他喜欢的品牌，这已经成为标准，化为常识。

目前处于后疫情时代，消费会加速呈现两极分化状态。小企业经营受困，普通大众可支配收入水平下降，这将导致大部分消费者在消费上更为谨慎。消费者会把花费用在更有信赖感、更具有确定性的产品上，他们会选择购买品牌信任感、安全感更高的产品。还有一类消费者属于精英阶层，他们属于“精英、白领和骨干”，有消费实力，对于消费爱美、爱玩、爱健康，他们的消费心理不需要低价，要有品质、品牌的，买一件东西要能满足心理需求，不一定是刚需，但一定要能彰显品位和格调，能体现出自己的调性。大众型消费者喜欢实用主义，中产阶层喜欢能够带来氛围、情绪和场景的产品。如果你的品牌不是走普通路线，而是针对中高端人群，设计品牌营销路线的时候，要重视商品的心理学意义要大于实际意义。在未来，创新品类不再是解决温饱问题，而是生活意义的创新，是从功能过渡到智能的竞争，也是从单纯买产品到享受生活，从追求符号到自我体验，从大众趋同消费向个性化消费、从追求物质满足到追求精神愉悦的改变。

所以，无论是产品创新还是商业服务的创新，要锁定城市的主流消费群，比如小镇青年、“95 后”和“00 后”为代表的 Z 世代、中产阶级、精英人群、银发族等。围绕高端品质和精神需求展开，让消费者更有存在感、仪式感、参与感和体验感。

随着时代的发展，人们的消费习惯和需求也在不断变化。在 Z 世代，年轻人成了主要的消费群体，他们更加注重个性化、多元化和社交化的产品体验。因此，产品能够匹配 Z 世代人群，在产品营销设计上应注意以下几个方面：

（1）个性化定制。提供个性化的产品定制服务，让消费者可以根据自己的需求和喜好来定制产品，满足他们对于独特性和个性化的追求。视觉上他们追求产品的潮、美、酷。所以商品首先要注意颜值，一旦品牌符合消费者的审美观，他们就会给予品牌更多的花费和宽容。

（2）结合 IP，打造多元化选择。提供多样化的产品选择，让消费者可以根据自己的需求和喜好来选择不同的产品，满足他们对于多元化和选择的需求。现在的营销是 IP 内容的营销，各种二次元破壁，成功的品牌营销纷纷站上潮头。品牌能够做到与大 IP 内容精神契合，才能赢得人心。例如，故宫博物院走上了卖萌的 IP 路线，在推出“宫廷娃娃”系列产品后，其各种萌物新品的推出引起了轰动。

（3）产品有趣味，打造社交化体验。将社交元素融入产品中，让消费者可以通过产品来进行社交互动，满足他们对于社交化和互动性的需求。交互上的乐趣会加速产品的传播和用户的接受速度，只要做到这点，品牌的产品或营销就几乎算成功了。让消费者感觉好玩、有趣，他们就会买单。

（4）数字化体验。提供数字化的产品体验，让消费者可以通过数字化的方式来使用产品，满足他们对于数字化和科技化的需求。在信息过载的时代，品牌需要借助科技和数字化的力量进行形式的创新和场景的创新，这样才能给消费者带来更多的数字化体验。

（5）环保可持续。注重环保可持续性，让消费者可以通过使用产品来实现环保和可持续发展的目标，满足他们对于环保和可持续性的需求。

综上所述，营销要想实现裂变，既不是生产端的竞争，也不是渠道端的竞争，而是用户心智端的竞争。因为生产端过剩化，任何一个领域都有非常多的公司能够为消费者提供优质产品。渠道端也开始同质化，超市的东西趋同，网络电商平台上什么都有。在生产和渠道高度同质的情况下，唯有消费者心智才是品牌必争之地。在消费者行使选择权的过程中，每一个品牌在消费者大脑中必须回答一个问题：选择你而不选择竞争对手的理由到底是什么？品牌是消费者选择的核心要素，也是消费品竞争的核心因素。

品牌想要占据消费者心智，就要了解消费者心智的规律。

1. 消费者喜欢简单容易记的品牌

消费者能够记住的往往是一句话、一个词。因为这是一个信息繁杂的时代，如果能在众多复杂的信息中让消费者记住，品牌需要把信息归类，尽量简单，不要追求多少个卖点，多少个优势，这样很难触达消费者。

2. 消费者只记数一数二的品牌

比如，郎酒的广告“在云贵高原和赤水河两岸，诞生了两大酱香白酒，其中一个叫作茅台，一个叫青花郎”。如果说有八大名酒当中，郎酒是其中之一，消费者很难记住八大名酒，而和茅台这个数一的品牌并肩数二，很容易让消费者记住。老大会说“上天猫就够了”，老二会说“多快好省上京东”“上午买，下午就能到”，强调“送货就是快”。老三会做垂直聚焦“唯品会，一个专门做特卖的网站”，强调更专注、更专业。

3. 一旦入心很难改变

消费者如果记住了一个品牌的理念，短时间很难改变。“农夫山泉有点甜”成了街头巷尾人人都能喊得出的口号，而“大自然的搬运工”虽然也非常好，人们依然还是记住了“有点儿甜”。消费者心智一旦被固化，就牢牢地成为他心智的一个组成部分。

所以，品牌占领主流消费者心智的打法往往是你是头部老大就守住自己的山头；老二就进攻老大的山头；老三打游击战，守住自己的小山头；老四开创自己的新山头。

数字时代的私域运营裂变

随着互联网行业、数字经济的加速发展，线上线下的数据链接、企业内外部数据的打通、公域引流私域运营等，正在成为企业运行的基本形态。数字时代的到来，私域运营成为越来越多企业的关注点。企业通过建立自己的社群、粉丝群、会员群等私有化平台，与用户建立更加紧密的联系，提高用户忠诚度和品牌影响力，从而实现更好的营销效果。

数字时代的私域运营需要注意以下几点。

1. 建立多元化的私域平台

企业应该根据自身特点和用户需求，建立多种形式的私域平台，如微信公众号、小程序、社交媒体、App 等，以满足用户的不同需求。

2. 重视用户体验

在私域运营中，用户体验是至关重要的。企业应该通过提供优质的内容、服务和互动，让用户感受到品牌的价值和温度，从而提高用户忠诚度和品牌影响力。

3. 数据驱动的运营

数字时代的私域运营需要依靠数据来进行精细化运营。企业应该通过数据分析，了解用户需求和行为，制定更加精准的营销策略，提高营销效果。

4. 与用户建立更加紧密的联系

私域运营的目的是与用户建立更加紧密的联系，所以企业应该通过互动、活动、礼品等方式，增强用户与品牌的互动和情感纽带，从而提高用户忠诚度和品牌影响力。

数字时代的私域运营是企业提高用户忠诚度和品牌影响力的重要手段，企业应该注重用户体验，数据驱动的运营，与用户建立更加紧密的联系，建立多元化的私域平台，从而实现更好的营销效果。

相较数字化运营私域，传统营销实现裂变是建立在以深度分销理论为支撑，通过厂商协同关系掌控终端，然后进行网点铺货、生动化陈列、客情关系等供给端工作，主要由厂家销售部来承担。在需求端则依靠广告传播解决和消费者的沟通，主要由厂家品牌部来承担，厂家主导的资源分配和产业供需两侧的能力分工有效解决了供需平衡，让企业业绩在资源和能力上得以保障。但移动互联网时代，消费者的时间严重碎片化，电商和直播又快速分流，让终端的生意流量下降，传统的营销已经无法产生更好的营销效果和裂变效果。首先，依靠消费用户无法直接连接铺货、陈列、生动化，经销商的动销效果不理想。其次，无法有效在渠道供给侧控制商品交易价格，产品畅销带来的终端零售价格下滑，产品的毛利会越来越低，经销商的净利无法得到保障。最后，渠道压货导致经销商周转率低下，积压货形成大量应收账款，经销商即使将一款产品在当地做到一定规模，在经济账上依然无法有太大的想象空间。

由此，在数字时代，产业互联网使消费流量分化严重下的渠道模式既有挑战又看到机遇，即终端店正在从单纯交易职能向用户服务、运营职能转移，优质店背后都有关系熟悉的私域用户，厂家如何借助数字化工具对终端赋能，做到市场零售价盘稳定让终端敢买、毛利高价稳定终端愿卖、工具方法资源赋能到位终端会卖。帮助厂家在培育用户、强化用户关系，在“营”的层面发挥重要甚至决定性作用。即将传统经销商、终端店、消费者通过小程序交易和线下场景化推广结合起来，实现线上线下完美融合，经销商变为数字化的“云商”、终端店变成数字化的“云店”、消费者是数字时代下的“云客”。

某酒水营销品牌先在某区筛选了100家合作终端，导入“买大瓶酒赠小瓶酒”消费者运营活动，通过小程序支付，一个消费者被限制购买上限是2瓶，有效地避免了产品的变相降价。然后，通过培育这100家店，精选出50家成为核心终端店，实施品鉴会（在品鉴会现场，消费者每邀请5个自己的朋友助力点赞就会免费获得1瓶酒，助力的朋友也会获得30元代金券，凭券到对应的终端店核销使用）、圈层运营、群运营、整箱购等活动，激活核心终端，让市场中盘与小盘形成联动，几个月后又启动500家终端大盘市场，形成大中小三盘联动。终端通过云店小程序现款进货，消费用户将货款支付到经销商账户，由系统按照比例即时返点给终端利润，终端产品在售卖完之前由经销商自动进行终端补货，通过这个体系对产品全控价操作，确保价盘长久稳定，让经销商和终端的利益都得到保障。

在存量竞争时代，用户的获取成本不断攀升，传统的营销方式已经显得乏力，再加上用户被众多碎片化媒体吸引，注意力比较分散，寻找新的营销方式已经成为品牌运营的重要课题。而在此过程中，如何找到低成本的获客方式成为品牌营销的关键。传统产业数字化融合方向和路径已经打开，圈层社群、场景营销、口碑裂变、C 化导向……所有过往多年碎片化的概念都将在这个方向上整体一体化呈现，展示一个完全不同以往的营销新世界。

用户规模化增长的策略

如何实现用户的规模化增长。这是当今无数营销人员需要面对的难题。对于产品用户的增长，并不是急功近利就可以实现的。一些营销人员通过赠送优惠券，或者在第三方平台上买流量，都期望吸引更多的用户关注，但这些方法始终只能带来一时的用户增长，难以为继。要实现用户规模化增长，常见的手段有以下几个方面。

（1）优化产品功能和用户体验，提高产品的易用性和用户满意度，从而增加用户留存率和口碑传播。提升用户体验方面，下面这个案例值得借鉴。

日本 7&i 集团旗下的格林木购物中心，建造历时两年半，打造之初，集团总裁铃木敏老先生就说道：“把商品放到货架，贴上标签，就能卖出去的时代早已过去。对企业来说，感受客户的需求，竭尽全力，为消费者打造卓越的体验，这才是企业的经营之本。”格林木周围的商圈是最近非常有人气的东京都内居住地——武藏小杉地区，这里不仅交通便利，还开发了很多高层社区。格林木购物中心的顾客就定位于附近的最有消费力的刚刚入住高层公寓的30多岁的“80后”和“75后”。

创新体验1：“为了让热爱为家人做饭和还需要上班的女性做到做饭上班两不误”而推出“切块蔬菜”这个概念。超市将常用蔬菜清洗切块，妈妈们只需按需组合，回家就可以直接下锅或做沙拉，不同的净菜保鲜度不同，超市还按不同的保鲜要求进行替换，保证新鲜蔬菜的供应。不同的菜品价格不同，为了计算方便，超市做了成本估算后，统一价格后售卖，免去了妈妈们计算的烦恼。这样的便民服务推出后，超市成了全职妈妈们下班必来的首选地，迅速拉动了购物中心的人气。

创新体验2：视频购物——规模缩小了的西武百货布置在二楼和以上的楼层，虽然规划面积较小，但通过精简业态，显得品牌容量特别大。此外，该百货的品牌馆能与其他区域的西武百货店的品牌馆进行视频连线。这里的顾客通过电视视频，就能看到其他分店陈列的所有该品牌的商品，顾客对该品牌商品的选择范围大大扩大，并且节省了时间和路程，令顾客们非常满意。

创新体验3：在购物中心顶层打造了4300平方米的被称为“日本最大屋顶花园”的休闲场所，是整个购物中心的聚客利器。这里有滑梯、有戏水池、有攀岩所，聚集了有孩子的家庭、老年人、附近居民和其他来购物中心的顾客。顶层种植了很多花草树木，是附近幼儿园的孩子们带着自己的花种种植在此，也给现在很少能见到果树的小孩子提供了一个学习场所。

格林木购物中心，体量只有37000平方米，却在开业13天客流突破百万，每日客流量近8万人。在国内零售业备受电商冲击之时，越来越多的零售商开始扎堆拥抱互联网，仿佛只有互联网才能拯救零售业。而日本的零售同行却选择了深耕实体店，通过创新来谋求出路。它的创新让我们感受到只有给客户带来极好的服务体验，才能成功铸造企业的护城河！

（2）通过各种渠道进行营销推广。如社交媒体、搜索引擎、广告投放等，吸引更多的用户关注和使用产品。营销推广也有很多门道，在产品投入市场推广前，先在已有客户中做个NPS测试，当分数为正的时候，再投入更高的市场推广资源。这样做的好处是证明产品已被市场验证，并且在客户中获得了不错的口碑，此时推广事半功倍。流行的NPS做法是，在客户打分之后，追问一个问题："您给出这样分数的原因是？"或者"我们怎么改进才能让你更喜欢？"在NPS净推荐值给出参考的范围内，改进让客户不满意的状态，提升和保持让客户满意的状态，才能使企业越来越好。NPS越高代表着客户推荐的意愿越强，其产品的竞争力也就相对越好，经销商的前景也会越好。

（3）及时收集用户反馈。通过了解用户需求和痛点，再根据用户反馈进行产品改进和优化，提高用户满意度和留存率。如果无法做到去改进产品和优化服务，那么切记不能让消费者对你的品牌或产品有负面和贬损的体验。那样会给品牌带来无法挽回的损失。可以了解一下下面的案例。

加拿大歌手戴夫乘坐美联航时托运的价值3500美元的吉他被摔坏，

摔坏了之后他就找美联航投诉。美联航是一家规模很大的企业。于是对于这种“小投诉”不以为意，回复说没办法赔付，只能赔付一小部分钱。戴夫当然没有办法接受，回去之后，结合自己愤怒的情绪写出了一首歌，歌名叫作《美联航毁了我的吉他》并拍成了MTV。一天之内，点击达到300万次，获得14000条评论。视频发布四天后，美联航股价下跌10%，直接损失1.8亿元美元，折合人民币12.5亿元。2009年，时代杂志把这首歌列为十大金曲。只是一件需要道歉就可以收场的小事，却因为机场草草解决而导致了这么大的损失。这时候美联航才明白：敷衍，才是对自己真正的不负责，也才明白贬损的体验裂变传播是多么的疯狂和不可控。

（4）为用户提供更多的增值服务。如VIP会员、优惠券、积分兑换等，增加用户黏性和忠诚度。在《行为设计学：打造峰值体验》一书中，有一个例子：

洛杉矶有一家魔术城堡酒店，该酒店有一招特别棒，就因为这一招为很多客人带来了惊喜。酒店里有一部电话机，电话机上有一个按键，叫冰棒热线，只要你一摁那个冰棒热线，你不需要拨1234，就会一键直达。按冰棒热线，然后那边说冰棒马上送到，就会有一个人穿着非常有仪式感的衣服，戴着白手套，托一个银盘子，上面放着一个冰桶，到你跟前说“请挑”。冰桶一打开，五颜六色的冰棒，随便拿，随便吃，各种口味全有。这种场景设计能花多少钱呢？花不了多少钱，但是仪式感十足，客户会觉得太好玩了，这就是一种增值服务，会让客户感觉到惊喜，从而产生忠诚度。

（5）与相关行业的合作伙伴合作，共同推广产品，扩大用户群体。例如，招商银行联合城市画报《城市年味》特刊推出“在奋斗的城市，过出家乡的年味”，记录过去一年人们和城市的记忆故事。

招商银行广州分行特推出留穗过年“大礼包”，通过丰富多彩的吃喝玩乐活动及优惠，让“就地过年”群众感受别样的年味。据招商银行案例显示，招商银行在春节这个传统节日里，设计了“吃喝玩乐”新的服务场景和活动体验。包括送饭票券、观影券、滴滴折扣券、“搭公交乘地铁天天领红包”和“交通卡充值领红包”活动等。为顺应新春传统民俗文化氛围，招商银行广州分行开展了“招寻年味”——第六届民俗系列活动。通过线上小程序邀请客户参与趣味互动游戏，线下打造厅堂、社区、企业多个场景，增添新春气息，营造浓浓的节日氛围。剪纸、糖画、春联、中国结、花鸟字，丰富多彩的民俗体验带来浓郁的年味，让客户在办理业务之余可以感受到万家团圆、喜气洋洋的春节欢欣。活动开展近一个月，已举办超过 200 场民俗活动，超过 6000 名客户参与。

综上所述，要实现用户规模化增长，需要综合考虑产品优化、营销推广、用户反馈、用户增值服务和合作伙伴等方面，不断提升产品价值和用户体验，吸引更多的用户使用和推荐产品。

企业不同成长阶段的营销策略

随着企业的发展，通常会经历四个不同的阶段，在不同的阶段里，由于企业面临的市场环境及竞争特性不同，需要对营销策略进行对应的调整。

1. 初创阶段

在初创阶段，企业需要提升品牌知名度和市场份额。因此，营销策略应该注重品牌宣传和市场推广，例如通过社交媒体、广告、公关活动等方式来提高品牌知名度和吸引潜在客户。通过打造爆款快速占领市场份额，巧用社交媒体，通过自媒体矩阵、品牌置换、纯佣合作等方式形成低成本传播。垂直精准渠道种草，选择精准的单一渠道，重点投入，打造该渠道的目标人群。

以“小罐茶”为例。2017 年春节期间，小罐茶在央视投放的“寻茶之旅篇”广告，讲述了小罐茶花了三年半的时间，行程 40 万千米，走遍中国茶叶的核心产区，找齐 8 位大师做成小罐茶的故事。通过广告的两大主题“小罐茶大师作”及“8 位大师敬你一杯中国好茶”，明确品牌核心价值，即结合地域和名人因素统一品牌，塑造品牌核心价值。公司立足“做中国好茶，做好中国茶”，联手 8 位制茶大师，提出“小罐茶大师作”的营销理念。作为初创企业，能迅速将小罐茶品牌在面世后的幼稚期内做到品牌“影响力”的快速传播，在当下互联网营销业内是十分值得肯定和关注的。

2. 成长阶段

在成长阶段，企业需要进一步扩大市场份额和提高销售额。因此，营销策略应该注重产品差异化和市场细分，例如通过产品创新、定位和差异化营销等方式来吸引更多的客户。公司靠初创时期单一的爆品成功打开了市场，积累了第一批核心用户，企业获得正向现金流，解决了基本生存问题，但市场地位并不稳固。这时候需要聚焦品类，围绕核心用户，对标国际市场及线上数据进行选品、丰富产品结构，满足用户的多种需求。营销策略方面，持续强化产品的功能卖点和差异化优势，提升复购率。渠道方面要从单一渠道投放向多渠道投放转变。品类卡位要开启全链路内容种草、锁定品类词，在用户心目中成为该细分类目的第一选择。

以“海尔怒砸冰箱”为例。海尔在初创阶段取得了成功，但并没有让张瑞敏放松神经，他始终坚持质量上的精益求精，因此在他收到用户来信，反映厂里生产的冰箱存在问题的时候，第一时间组织了相关的管理人员对仓库里的冰箱进行了检查，发现其中的 76 台冰箱确实存在质量不合格的问题。对于这些不合格的产品，有人提出可以将其作为福利，以较为便宜的价格销售给企业员工，因为这些冰箱不合格的原因大多数是不会对使用造成影响的外观划伤问题，但是张瑞敏直接否决了这一提议并做出了将这些不合格产品全部砸掉的决定。他将全场员工召集到一起，谁生产的不合格冰箱就由谁亲自当众砸毁，而他本人挥起了第一锤。这个案例既让消费者看到了海尔的决心，又起到了营销效果，让人们看到海尔是务实主义也是企业以产品为源点的初心。

3. 成熟进阶阶段

在成熟阶段，企业需要保持市场地位和提高盈利能力。因此，营销策略应该注重品牌维护和市场维护，例如通过品牌升级、客户关系管理等方式来保持客户忠诚度和提高客户满意度。这一阶段的企业市场地位基本稳定，想要获得突破式的发展，需要打破品类局限。产品既要进行多品类拓展，更要关注新品发展。营销策略上要侧重新品推广，不断通过新品去提升品牌声量和销售增量。重视会员和粉丝的精细化运营，保持用户黏性。注重产品表达向品牌化表达发展。搭建自有供应链，产品上新流程标准化，根据市场需求快速推出新品。精耕私域，打造覆盖用户全生命周期的私域运营体系。进行线上线下全渠道布局，根据品类细分实现渠道效益最优。

例如，有一家粥铺，由于租金上涨，把原来每碗5元的粥涨到了8元，涨价后营业额从6万元降到了3万元，怎么办呢？于是想到了一个营销方案，把5元钱的粥降到3元钱拿来引流，并且增加新品粥和招牌粥，分别定价15元和18元，比如海鲜鲍鱼粥、榴梿粥，还增加了其他的配菜。一个月后粥铺的营业额涨到了10万元。这就是前端引流用爆款，后端延伸产品链获取利润。

4. 衰退阶段

在衰退阶段，企业需要重新定位和重塑自己。因此，营销策略应该注重市场调研和产品创新，例如通过市场调研来了解客户需求和市场趋势，然后通过产品创新来重新定位和重塑企业形象。例如，一家奶茶店，由于位置偏一直处于亏损状态，然后想了一个策划方案：凡是来消费的顾客，只要拿出手机秒表，按出11秒就可以免费，前后相差0.5秒打8折，看似简单，其实是非常难做到的。但每个人都希望去碰小概率事件，三个月之后，这个奶茶店天天排起了长队，业绩从衰退的状态暴涨了10倍。

品牌与人一样，要成长起来，都有相应的阶段，企业品牌在任何一个阶段都可以做出亮点，只要掌握好相关的营销策略，就有机会能够让品牌引爆，带来持续的营销裂变效果。

第十章　用赋能手段打造营销裂变团队

代理商团队的持久裂变

商场如战场，企业想要实现盈利，离不开构建营销体系，营销团队是企业中非常重要的一支力量，他们的工作是为企业带来更多的客户和销售额。面对复杂多变的市场环境，所有企业的高速增长，都是从建立战略目标开始，站在“巨人”的肩膀上，深入研究市场，果断作出战略部署、坚决执行，并运用战略思维充分把握市场变化，与时俱进地进行应变。

首先，要占领人才高地，把优秀的人才聚集在一起，进行业务开拓，才能达到经营效率最大化。其次，要明确组织规则，坚持“力出一孔”“导向冲锋”原则，建立业务驱动的人力资源管理体系。最后，要培养能布阵点兵的干部队伍，形成“一个明白人带领聪明人”的格局，让最优秀的人培养出更优秀的人。

在行业竞争中，一个品牌就是一支协同作战的团队，想要在竞争中脱颖而出，团队力量至关重要。那么，如何打造优秀的代理商团并产生持续裂变，才是品牌要重点关注的。

作为一个团队代理商，主要的工作有两个方向：一是建立分销渠道，让更多人帮你去卖货或帮你去招商，以实现持久裂变；二是要建立一套流量获取机制，帮你获取持久的流量进入机制。针对这两个方向具体怎么操作呢?

团队招商和传统招商有所不同，传统招商是招募到代理商，然后让代理商去卖货。但是新零售的代理商是招募代理商，然后培训赋能代理商，让代理商再去进行持续裂变，再去招商和卖产品，让代理商去建立他自己的分销渠道。这个时候就需要一套团队裂变型的招商方案。团队复制裂变系统主要分为以下几个步骤。

1. 梳理你自身的资源

作为每个新加入的个体创业者，他之前并没有固定的消费人群，首先他找到自身的优势和资源，发现自己的擅长领域，以此找到与产品相契合的点。其次是与之沟通这些优势资源，如果对方是对产品感兴趣，那么需要进行一对一产品销售的话术培训，如果是对项目感兴趣，就需要进行一对一项目招商的话术培训。新加入的伙伴短期内很难马上成交，这个时候需要找一些有经验的人帮助去成交。也就是 A 帮助 B 去成交 C，这样可以帮助代理商提高成交概率。在沟通的过程，有的达成了合作，而有的没有达成合作，这个时候要举办一个沙龙成交会议，通过集体的力量去成交那些意向的产品消费者和意向项目合作伙伴。针对合作伙伴要针对一对一新人培训。

在代理商团队裂变过程有两个重要的体系：一是代理招商裂变体系；二是代理商培训体系。在社交新零售商业模式项目中，我们经常提到一个项目能不能做起来就在于其企业的招商能力强不强，一个项目能不能走得长远，在于其企业的培训能力强不强。所以建立代理商招商裂变体系和代理商培训体系，是项目操盘运营过程中非常重要且必须要做的工作。培训代理商分为两种：一种是线上培训课程；另一种是线下培训课程。有不少品牌开始建设自己的商学院，对代理商的培养起到了很好的作用，也能够对于潜在的代理商起到非常大的吸引作用。

2. 建立代理商培训系统的目标

没有目标的培训往往起不到好的效果，建立团队体系要有两大目标：一个是建立明确清晰的代表商培训课程内容体系；另一个是形成代理商自我培训、自我复制和自我成长的能力。新人一对一启动是代理商培训体系中非常重要的环节，很多的品牌没有新人一对一启动，往往会导致新人的流失，也就是说新人交了钱，拿了货之后就没有任何帮扶政策了，让新人自己去发展，结果就是新人做不下去。所以，好的培训系统对于代理商团队是非常重要的扶持。首先要进行产品体系的培训；其次是盈利体系的培训，比如招商奖金制度等相关的培训；再次是围绕公司招商体系给代理商进行相关培训，教会代理商如何构建自己的分销渠道；最后是培训代理商如何通过私域营销的方式进行引流和裂变。

3. 执行系统的裂变

经过前面吸纳代理商并完成培训之后，接下来就是执行层面的裂变。主要就是让代理按照你的培训和辅导，通过自媒体平台去吸引粉丝进入私域流量实现后期的成交转化。给代理商进行个人 IP 营销的实战培训，帮助代理商树立个人 IP，通过 IP 的方式去引流，通过线上自媒体公域引流和线下资源吸粉的方式，把一切的流量引到个人 IP 上，后面再进行相关的成交和招商。

企业在招代理商的时候要明确工作重心，让代理商团队知道该干什么，该怎样做。企业要根据市场所处阶段的不同，指出当前阶段的主要工作方向，指定方向指引下的具体工作内容。若想保持代理商团队的工作方向不会跑偏，最简单有效的方法就是将其指定成指标，纳入代理商的绩效考核中。还要定期对代理商进行培训，交流加盟终端商的心得。代理商团队的士气是靠一个个小目标的达成建立起来的，长期制定假大空目标，只会让员工对目标变得不在乎，丧失了目标制定原有的目的，这是切不可取的。招商企业一定要注意，任务目标的制定不仅要符合对市场的预期，也要和代理商团队成员进行探讨，这样的目标才具有可执行性。如果对于代理商团队的持久裂变做一个总结的话，离不开以下这些因素：

（1）招聘合适的人才。招聘合适的代理是打造优秀营销团队的第一步。要寻找那些有经验、有创意、有激情的人才，他们能够为企业带来新的思路和方法。

（2）建立明确的目标和计划。代理营销团队需要有明确的目标和计划，以便他们能够专注于实现这些目标。这些目标应该是具体、可衡量的，并且应该与企业的整体战略相一致。

（3）提供培训和支持。一支强大的营销代理团队需要不断地学习和发展，以保持他们的竞争力。企业应该提供培训和支持，以帮助他们不断提高自己的技能和知识。

（4）建立良好的沟通和协作机制。营销代理团队需要良好的沟通和协作机制，以便他们能够有效地合作完成任务。企业应该建立一个开放、透明的文化，鼓励团队成员之间的交流和合作。

（5）奖励和激励。企业应该为营销代理团队成员设定奖励和激励机制，以激励他们的工作表现。这些奖励和激励可以是薪酬、晋升、奖金等，也可以是其他形式的奖励，如员工旅游、礼品等。

通过以上几个步骤，企业可以打造一个优秀的营销团队，为企业带来更多的客户和销售额。

合伙制和赛马制的赋能型团队模式

有人说，这个世界上你找一个只要给钱就工作的员工确实不难，但是他们的工作状态始终是没有激情的，如果当你赋予每一个人创业的理想，告诉他们现在的打拼就是在为他们自己而奋斗，那对于他们而言，干劲儿肯定就不一样了。每个人都有自己的理想，而做企业最重要的核心就是经营所有人的理想。当你将所有人的理想聚集在一起的时候，你就会发现，其实对于每一个人来说，眼前的薪水虽然很重要，但它并不是最重要的。

随着互联网经济的兴起和新生代员工步入职场，原有的员工管理模式越来越不适应时代发展需要，管理者开始思考一种新的管理模式。当然，“管控式”的管理已经落后，大部分管理者认为“激励型”的管理模式也将落后。放眼未来，管理者只有实施“赋能型”的管理模式才能符合时代主流。

赋能型管理模式减弱了管理者的指挥权，实现了权力重新分配，来激发组织活力，为组织其他方面的变革和创新奠定了基础。比如，1998年，张瑞敏正式提出企业的“内部模拟市场化”，在海尔内部全面推行“市场链”流程再造，并提出了“人人是人才，赛马不相马”的全新用人理念。再比如，美的集团从1998年开始效仿松下公司，全面推行事业部制改造，并形成了以“集权有道、分权有序、授权有章、用权有度”16字方针为核心的“事业部分权体制”，直接促成了美的新一轮高速增长，2010年，美的集团销售额达到1050亿元。至今这套分权体制依然是美的集团核心竞争力的重要来源。无论是海尔模式还是美的模式，根本还是在于实行了赋能型的管理模式。

再以永辉模式为例。

永辉采用的是员工合伙制模式，就是把员工变成了经营合伙人，只要员工把门店经营得好，就给他们进行分红。首先永辉总部会根据历年的历史经营数据，提前对分店设定业绩目标，只要门店可以完成目标，增量部分的利润就会给门店分50%以上，在不直接增加成本的情况下，这样就直接激发了分店员工的积极性。

其次，门店的店长在拿到奖金之后，可以再根据内部岗位的贡献进行二次分配，员工级有资格拿到门店奖金包的70%，课长级则有资格拿到门店奖金包的13%，经理级可以拿到门店奖金包的9%，店长级可以拿到门店奖金包的8%。总结一下，就是把每一个员工的利益和超市的经营业绩绑定在了一起，如此一来，员工做起事情来就会非常有干劲。

同时，永辉超市还给团队充分放权，用来激发员工的能动性，比方说，员工不仅变得轻拿轻放，还会在每天晚上 8 点主动把当天不是很新鲜的果蔬都低价处理给用户，以此来减少损耗。再比如，员工招聘都是由门店自己决定的，店里面只要需要，就可以招很多的员工，但是分红却是团队共同分享的，所以团队就会尽可能减少人数，然后尽量去提高效率，这就极大降低了永辉总部的管理难度以及管理成本。

因此，这一招就彻底激发了员工的潜能，为永辉的爆发式增长奠定了团队的基础。

未来注定是合伙人时代，其实不仅仅是永辉，还有百果园、海底捞、华为等众多的企业都在用。合伙模式在做扩张裂变，从而占领市场。

很多老板可能会说，我们公司不是开门店的，这套合伙人模式应该借鉴不了吧？其实，这套合伙人模式在所有的公司都可以用，因为它的核心作用是最大限度激发员工的积极性，从而降低运营成本，提升运营效率。就比方说我们公司业务团队用的其实也是合伙人制，效果非常好。我新招聘来的业务员，前三个月会给他们底薪 5000 元钱，再加 5% 的提成，同时公司会对新人做营销能力以及产品知识的系统培训，这样可以让其中优秀的员工率先干出来业绩，并且赚到钱。三个月之后，我们会给员工一个选择的机会，你可以申请做公司的创业者，创业者不拿底薪，但是提成可以翻 4 倍，也就是说，提成可以直接提升为 25%。在这种情况下，员工既有压力又有动力，如果不出业绩，这个月可能都没饭吃了，如果干得好的话，一年时间可能就暴富了。所以团队中有能耐的人就会越干越有劲，而那些混日子的人，慢慢就自动被淘汰了。对于公司来说不仅资产变轻了，还可以无限制地裂变，人才管理难度也被极大降低。所以这个思路打通就很重要，这个模式非常值得借鉴。

随着管理者意识的不断提高，员工的整体水平趋于年轻化，仅凭指令式管理或激励手段已经不能够完全满足组织日益发展的需求。一个组织面对众多的员工，他们最需要的不是激励，而是赋能。也就是为员工提供他们能更高效创造的工作环境和工具，使他们每个人都能有自我奋进，不用催逼和高压，就能自主自发地去为目标努力，这也使传统管理者面临新的挑战。一个企业需要“狼性团队”，更离不开文化赋能。

例如，华为的企业文化是“以奋斗者为本”，确定的是以奋斗主题的文化。华为公司所有制度、政策都是以奋斗来定位的，不能奋斗者就不是华为人，就要被淘汰。华为建立的各项制度的基本假设是员工努力奋斗的，而公司绝不让“雷锋”吃亏。任正非说，我们通过玩命把企业做大了，一旦企业做大，文化变质了。大家都觉得公司亏待自己了，都觉得公司工资给少了，股份给少了，晋升得慢了。我们发现很多好端端的企业，眼见楼塌了，这就是文化出问题了。所以华为就是要保持这种奋斗精神。这就是文化赋能的力量。

将员工变成老板或者说合伙人这样一种管理和组织模式的变革，无疑是一种重大的进步，因为能更好地实现利益共享、风险共担。要想将企业做大做强，就要让员工找到被赋能的感觉，找到当家做主的感觉。适度放权，将资本交到有能力的员工和团队手中。这样一来，不但能够大大提升他们的积极性，还可以让企业在裂变运营的过程中获得更大的收益。这是一个智慧开启的过程，也是一个资源整合的过程。

裂变营销团队塑造方法

想要打造一个能够持续进行裂变和有积极性的团队，不是靠凭空想象，也不是靠空喊口号，而是要有方法可依。

很多管理者只注重员工的能力，将工作效率低、工作态度散漫导致项目没有达到期许等问题都归于员工能力低下，常常以事为导向。而实际上，事的背后是由人来完成，而人的问题，往往要解决的是意愿的问题。

每个人都有很大的潜能，只是有时候有没有责任感，有没有主人翁精神，一旦具备了责任感和主人翁精神，潜能也就随之被激发。为什么老板能赚大钱？因为老板专心做事情，如果单子收不回来，这事情搞不定，公司倒闭了，就逼自己，最后把自己逼成功了。好多员工为什么当一天和尚撞一天钟，不逼自己，得过且过，混日子呢？这完全取决于有没有解决了员工的意愿问题。

员工的积极性包括三个方面，分别是员工的能力、员工的态度和员工做事情的方法。管理员工这三个方面的内容统称为过程管理。衡量一家企业的团队是否优秀，有三个衡量指标，分别是绩效、员工满意度包括两个内容，一是每年的能力是否有成长，二是公司的工作氛围体验感好，以及最后一个指标叫协作质量。

企业如果发现员工积极性不高，往往有以下几个原因。

1. 企业没有找到团队的塑造方法

如果一个员工进入一家企业，连自己角色都不清楚，不知道自己到底要跟谁合作，到底企业让员工做什么或不该做什么的时候，员工对自己的组织和管理者缺乏安全感、归属感和荣誉感，自然而然就不会生出“心甘情愿”的主人翁意识。这个时候会导致企业出现人员流动快，大批量的人才进来很快人才又会流失，这样的组织状态不是团队，而是一群人而已，员工又怎么可能形成团结一致的力量呢？被誉为日本管理之父的稻盛和夫曾说：凡是经营不善的公司，往往有许多缺乏独立自主精神的员工，他们为公司创造的利益还不及自己得到的工资，等于是公司养着他们。要让员工具备和企业主及管理者相同的主人翁意识，如果全体员工能做到与公司领导上下一心，那就是一股无可比拟的强大力量。而这种力量恰恰是大多数企业所不具备的，员工在企业里大部分是听从命令，内心抱着“领导要我做”的心态，可想而知怎么会有主人翁精神去尽心尽力。导致这一现象的出现是因为员工没有目标。

2. 缺乏清晰的目标

一个清晰又合理的目标，第一是目标既不能过高也不能过低，周期不能太长也不能太短，目标要具有挑战性。第二是目标要清晰。比如为了完成明年业绩增长 50%，每个人只能选两个方法，看看大家是不是意见一致，如果大家对明年最重要的增长达不成共识的话，这样的目标就不是清晰的目标。目标不是口号，是要清晰且可以落地的。第三是目标完成的回报性。团队的目标完成了是对谁有好处，是对老板个人还是对整个团队，是对中层管理者还是对股东等，目标完成的回报性是否合理。一个优秀的团队必须把大家的利益统一起来，不能只是一个人赚了很多钱而其他人却一分钱没赚，这样的目标就不一致。

在多数情况下，老板和员工好像对立的。老板追求的是利润不断增长，员工想要的是工资不断上涨；老板要的是员工拼命干、干出成果，员工想的是少干多拿、责任少福利多；老板希望员工理解企业经营困难，员工希望老板体恤自己生活不易。

之所以有这种现象的发生，是因为所处的位置不同，思维也不同：老板做的是事业，员工做的是事情；老板得到的是未来企业发展带来的收益，员工得到的是当下工作的回报。企业认为自己的目标很重要，希望员工也认为重要。但员工看好一家公司而加入它时可能不会想到"我希望花下半生时间在这个公司过有目标的人生"或"公司的这些价值观正好是我生命的价值观"。所以，塑造团队要让团队成员明白为什么实现这样的目标，有什么样的价值。只有企业与员工的目标变得统一或尽可能地统一，才能双方都追求发展进步。

3. 招到的成员不合适

企业每招一个人进来，他们的能力是否与岗位匹配是非常关键的。有的人岗位很好自己却无法胜任，有的则相反，能力很强却觉得被放置在一般的岗位而失去工作的动力，能力没办法施展。小米现在已经名列全球第三手机通信公司，雷军就花了 80% 的时间在找合适的人上。我认同公司的理念和文化，有能力积极融入团队，同时还追随趋势力求革新的人才，就是对的人才。 只有领导和员工一脉相承，手牵手、肩并肩，才能形成最为有效的战斗力。

4. 行为准则贯彻得不到位

当一家企业如果员工违反了重大的行为准则，犯了比较大的错误，比如灰色收入、贿赂，如果公司一句话也不说，既不处罚也不处理，那么人人都会变得肆无忌惮，又怎么能够增强积极性呢？其他规规矩矩的员工就会觉得团队中有一颗老鼠屎不被处理，也会慢慢被同化，不想继续保持清廉，也就不会有积极性，久而久之，整个团队的风气就会变得越来越消极甚至走向衰败。这就是企业内部行为准则的缺失造成的团队涣散。一个组织不仅仅是谋取自身利益最大化的经济体，还是社会整体财富积累、社会文明进步、环境可持续发展的重要推动者。企业在发展过程中，需要充分考虑经济、社会、环境这三重底线，需要对员工、消费者、供应商、社区、环境等一系列对象负责。行为准则是一个企业构建企业社会责任和文明发展的重要基础。带领团队需要考核和监管，在这方面新加坡的管理是一个非常好的榜样，新加坡管理一个国家更像管理一个企业，即“严”字当头，没有下不为例。随地吐痰罚款600美元，吐到第三次就面临着监禁的惩罚；在非吸烟区吸烟从大额罚款直到6个月监禁；据相关报道，在1994年，一位美国青年在新加坡往墙上涂鸦后被捕，面临着鞭刑的重处，当时的美国总统克林顿出面讲情，仍然无济于事，这位青年还是挨了鞭笞后才得以释放。正因为这些刻骨铭心的处罚，才有了新加坡在国际上公认的良好形象。

5. 组织环境不合理

如果企业关键岗位人员不够，员工的工作就会“旱的旱死，涝的涝死”，本来该增加的人手不去增加，看谁能干就让谁每天加班加点，这就是组织环境的不合理。如果组织结构缺失，会使员工对团队的整体工作怀有不满，又如何提升积极性呢？找正确的人，就是要找适合岗位的人。在《从优秀到卓越》一书中提到了一个观点：先人后事。就是“把正确的人请上车，让大家各就各位，先让不合适的人下车，然后才决定把车开向哪里”。这句话的意思是，管理企业，永远要先选择优秀的人才，并将这些优秀的人才安置到合适的岗位，以便让他们能充分发挥自己的价值。同时，还要及时将那些能力、价值观不合格的人清理出去，这样企业才能获得成功。

6. KPI 考核不对

当一个公司考核方案和激励方案出了问题，怎么会有积极性呢？“激励”是现代管理学理论中一个重要的概念。激励的概念可以表述为：“人们朝着某一特定目标行动的倾向，它影响职员们怎样适应一个组织，员工们在特定地点和岗位上怀有特定的动机，会影响企业的生产率。”企业的 KPI 运用得科学、合理才能起到激励员工的作用。企业想要让员工打江山，就需要为他们提供子弹，而不是让他们当光杆司令。

7. 错误的团队培训

真正的培训不是员工听领导讲话，而是改变行为友好的结果。不是只知道一个新的知识，企业需要人才发展，需要员工不断去学习和提升。如果企业想要让员工这棵苗成长，又不提供合适的成长环境，没有肥沃的土壤和水分，没有阳光，员工怎么能有积极性呢？

8. 缺乏具备实力的团队教练

一个团队中的教练是解决问题的人，也是带领整个团队不断成长的人，同时也是对下属进行全方位关注的人。当下属有了问题，团队教练不是给他讲道理，或者扔给他一本书看，而是会去带教，下属有生活中的痛苦需要好好聊聊，有工作上的烦恼好好教他，家庭有困难要好好跟他沟通。总之，需要全方位去关注人不仅仅是关注事。如果一个公司这样的团队教练很多，一定是一支强大的团队。电视剧《亮剑》中李云龙是非常优秀的管理者，也是一个非常有胆有识的带队人，而他身边的人也都非常了不起。和尚本是国民党军队的，一听说是李云龙，就马上同意跟他干，这叫吸引来的；张大彪是在作战中表现很好，是筛选出来的；骑兵连的孙连长是用五挺机枪换来的。正是由于李云龙这样的优秀团队教练，才有屡战屡胜的战斗力。

综上所述，裂变营销团队的塑造关系到方方面面，一个高效率的团队是一个表现优秀、使内部成员和外界均感到满意的工作集体。它总是同高难度的工作任务、成员的全身心投入、通力协作以及对创新矢志不渝的追求紧密联系在一起。

第十一章　营销裂变的典型案例

强势破圈：茅台跨界冰淇淋，天价背后的成功秘密

茅台冰淇淋，由“i 茅台”和茅台大酒店联合推出，是茅台与蒙牛战略合作的产品。据茅台官方的说法，研发茅台冰淇淋，是茅台契合年轻消费群体而做的一次努力。

茅台酒家喻户晓，吃过冰淇淋的人也很多，但是这两者搭配起来，组成了新的产品茅台冰淇淋，这个搭配给了人们一个很大的惊喜。茅台酒本身价格比较高，所以消费群体很少，许多年轻人因为茅台价格问题喝得比较少，茅台董事长丁雄军说研究茅台味道的冰淇淋，是为了让年轻人尝一下茅台的味道。茅台通过推出的这款茅台冰淇淋，打开了年轻人的消费市场。

茅台冰淇淋最大的卖点是冰淇淋中含有少量的茅台酒，在经典口味中茅台酒含量达到 2%，在青梅煮酒味里面，茅台酒含量达到 1.6%，在香草口味里，茅台酒含量达到 2%。在茅台冰淇淋上市的首日，线下旗舰店

7 小时销售额突破 20 万元，卖出了 5000 多个冰淇淋，平均每分钟接待两人；线上渠道更是不到一小时就卖光了 4 万个冰淇淋，销售金额超过 250 万元。

在茅台跨界营销的背后，是主动拉拢年轻消费群体的体现，这种跨界的确很犀利，不仅抓住了年轻人的心，而且还给消费者带来了一种尝鲜的欲望。面对“天价”茅台冰淇淋，很多人都想尝试一下，可谓吊足了消费者的胃口，也给营销裂变埋下了商机。

茅台一直以“酿造高品位的生活”为品牌的价值使命，这种跨界营销的目的是打破茅台传统、商务的刻板印象，使产品年轻化。通过时尚的冰淇淋，让更多年轻人“喝上”第一口茅台酒，让年轻人喜欢上茅台酒。

这种跨界营销既是 4P 理论的实践，也是线上 + 线下的推广。4P 理论上，产品方面，茅台冰淇淋以红、金、绿为包装主打色，保留了符合茅台酒经典特色的飘带设计，与品牌调性相符。价格方面以比传统茅台酒更低的价格，筛选高价值 + 有购买力的客群尝鲜，让茅台酒与乳脂肪紧密结合，要求在零下 18℃的温度下进行储存、运输和配送。渠道方面，有线下的旗舰店，如茅台镇、贵阳、南京、西安、杭州、深圳、广州、武汉、长沙。也有快闪店，同时注册“i 茅台”App，主流城市中可实现 3 小时“及时达”。通过小红书爆品营销方式，建立新消费场景，满足年轻人的消费习惯和需求。通过线下旗舰店和快闪店、线上 App，实现了多渠道营销引流。

在蓄水期积极造势，选择头部 KOL 博主在小红书平台投放宣发，提升茅台品牌形象和影响力。爆发期选择小红书 KOC 进行批量推广，包含美食、测评、探店、颜值等领域的博主，吸引粉丝打卡心理。运用营销推广中引流品的爆点+亮点，找到粉丝与品牌契合的地方，有针对性、有策略地输出优质内容。

最终实现了找准新营销渠道，打破年轻人心中对它的固化印象，获得了年轻群体的大量关注，极大地引起了年轻群体对茅台酒的兴趣，让茅台实现了出圈和裂变的目标，成功迈出了品牌年轻化的第一步。

买送裂变：瑞幸咖啡做大的内在商机

瑞幸咖啡像是一个传奇，在短短的时间内上市，但又因为财务问题跌下神坛，当大家都以为瑞幸从此跌入深渊的时候，竟然又逆风翻盘，大家都认为这一系列的起死回生，瑞幸靠的就是“财大气粗”，瑞幸咖啡前期是用钱砸出来的，但事实上钱只是一个必要条件，市场策略才是决定性的主宰。

如果单纯从门店开设的速度来看，瑞幸咖啡约每6小时开设一家门店，速度是星巴克的2.5倍；在营销效率上，瑞幸咖啡更是实施了互联网的降维打法。如果说，以前还是由星巴克、COSTA等玩家主导的咖啡市场，像静流一样有着自己的营销节奏，一家又一家地开设门店、注重用户体验、努力营造第三空间等。目前，瑞幸已经靠着“裂变营销”成为咖啡界的独角兽。

没有用户，就没有市场，没有市场也就谈不上品牌。瑞幸咖啡清楚知道这一点，所以第一步它需要做市场，面对星巴克一家独大的现状，只有采用贴钱的策略来拉人头，用超值性价比的产品和服务来培养用户习惯，进而留住用户。

咖啡的成本其实并不高，一杯咖啡的成本两元钱，两万杯咖啡也就四五万元的成本，但别看这不起眼的小成本，却能裂变出大量的用户。为什么瑞幸的咖啡在早期能够变成一个快速裂变的产品？因为瑞幸把咖啡做成了等价交换物。让送的人没有压力，收的人也会比较有感觉。

瑞幸的广告投放做得也相当精细，瑞幸的投放策略是跟着门店走。每开一个新门店，都会围绕门店半径的分众广告，1.5 千米朋友圈定投，在路上人们都会看到它的线下门店，在电梯或其他白领上班能够接触到的地方都能看到它的海报，在微信公众号方面也做到推文精美，发券引流。瑞幸在全国有超过 4000 家线下店，在瑞幸咖啡的各大门店的收银台前，都会有入群的二维码台卡引导，包括店员也会引导客户加微信入群。一方面，瑞幸会在取餐区展示醒目的二维码餐牌，提醒等待取咖啡的用户，扫码加入福利社群领 4.8 折优惠券。另一方面，店员还会进行话术引导。比如付款的时候，店员会询问你是否加入了微信群，社群用户可以通过在群里领完优惠券再下单；如果没有，店员就会极力推荐你加入微信群。

瑞幸最值得学习的地方就是买送裂变的思维，瑞幸的咖啡第一杯是免费的，但是有个前提必须下载它的 App 程序。未来人们生活不是在写字楼里，而是活在它的 App 小程序里，瑞幸把线下的客户引流进 App 变成了自己线上的用户，而且不定时会发 20 元的代金券，让用户想用优惠券买咖啡。

新客户，全场首件商品免费；

邀请好友成功，自己再得一杯；

咖啡钱包，买 2 赠 1，买 5 赠 5；

全场轻食 5 折风暴；

待下单成功，送您 20 张折扣券；

试手气官方微信，每周都送一张 5 折券。

这些都是瑞幸引流的策略营销，瑞幸通过线下门店二维码、店员引导、公众号文章、公众号菜单栏、小程序首页、小程序支付成功页等多渠道多触点引流，提升曝光度，提升引流效率，将流量引导至社群以后，第二步就是利用社群，把新手期用户带入成长期，同时减少用户流失，瑞幸咖啡社群最大的特点，就是 LBS（基于位置的服务），也就是对门店的社群做差异化运营。当你扫码进入社群时，系统会自动识别附近的门店，并推荐相应的社群；你也可以选择自己想加入的社群，因为每个群的地理位置不同，目标用户不同，促销活动和优惠力度也就不同。瑞幸做裂变，就做用户奖励，喝一次咖啡，就送十张咖啡券，你把咖啡券分发给朋友，朋友喝了咖啡，你可以再免费喝十杯，就这样产生了源源不断的裂变。

当然，瑞幸咖啡的裂变营销成功，不单单是买送这么简单，无论从定位还是在整个营销策划上都有值得学习的地方。

瑞幸的爆火离不开三大法宝，分别是精细投放、IP 借势和裂变营销。

瑞幸咖啡的定位客户群体主要面对一、二线城市的人群，而且找了当红明星汤唯等人做视觉形象代言，重点突出新鲜和时尚的都市感，目标用户都是一些办公室白领人群。以让中国人喝到平价咖啡为目标，视觉上打造蓝色基调为主，在Logo、包装、门店等都进行蓝色沉稳的感觉，鹿头形象，年轻中带着高级的感觉。

瑞幸为了引流，选择碰瓷星巴克，因为做咖啡的人无不想要借着星巴克来提升自己的热度。2018年5月，瑞幸发布了一封致星巴克的公开信，质疑星巴克涉嫌垄断竞争，并在相应的城市提起了诉讼，还扬言要在中国超过星巴克。星巴克选用绿色为品牌基调，瑞幸则全是蓝色基调，以此来借助星巴克的名声为自己带来流量。

瑞幸还进行了大量的跨界营销，瑞幸走进了职场人上班所在的各大厂区，进行了形式多样的跨界合作，比如，通过与腾讯和小米的合作，提高了品牌的调性。瑞幸在腾讯大楼开了一家咖啡快闪店，将大数据与人脸识别技术相结合，让人眼前一亮。随后又来到小米办公区开设快闪店，“用这一杯热爱致敬小米”为主题，得到了很好的宣传。

2019年4月，也就是腾讯与瑞幸咖啡达成战略合作半年后，瑞幸咖啡再次联名腾讯QQ，打造了一家创业怀旧主题咖啡店“QQ1999年beta”。不仅有瑞幸咖啡和腾讯QQ定制款企鹅形象，而且还有13款专属咖啡和充满话题性的联名杯套，堪称是“回忆杀”！正是靠着这样的联名款，赋予了成立不久的瑞幸咖啡以历史的厚重感，并且通过腾讯的品牌背书，提高了瑞幸的品牌形象。更重要的是，以腾讯白领为代表，为整个白领阶层消费者树立了典范。

对于瑞幸咖啡来说，无论从产品定位、跨界联名以及精准引流，都值得其他品牌学习，这样的营销不仅能够对潜在用户进行渗透，而且还能尽量弥补“公司成立时间短”的缺陷，让其在消费者心目中，成为一个有温度、懂时尚、富有科技感的品牌！

另辟蹊径：拼多多流量裂变改变电商

拼多多成立于2015年，而这一年也是电商发展的后期，此时的电商市场格局已经基本确立。不过，拼多多却在三年时间内从零开始，一跃而上发展成为新的电商巨头。拥有2.95亿活跃用户，进驻了100万个活跃商家，月成交金额突破百亿元。可以说，拼多多的发展速度绝对是一个奇迹，令人目瞪口呆。

拼多多推出了拼团式的购物形式，并且在传播方式上也极度依附社交链，这让消费者非常感兴趣。在以前，消费者在购物时需要主动搜索，现在搜索购物的形式对"90后"和"00后"的吸引力正在逐步下降。拼多多通过发展社交分享购物的形式，使购物逐渐成为社交的一部分。

拼多多的裂变活动看似简单，其背后却是和拼多多的人群定位、其他活动组成了一个流量留存，变现的生态系统。拼团裂变的核心是获得流量并将其转化为成果，让消费者自发传播，通过分享完成交易，联系用户自发成团，使得团的数量呈现裂变式增长。因此，拼多多积累了大量的精准用户，节约了冗杂的营销环节和获客成本。

所有拼多多的裂变活动都是围绕着"商业目标的持续营收"和"用户价值商品便宜"这两个指标来展开。在裂变的过程中，除了获取注册用户流量外，还会设置各种浏览商品，免单、下单返红包等活动，来促进用户的订单转化。拼多多的营销策略就是，只要你在我的产品上花足够的时间，我就有办法将你首单破冰转化，然后逐渐去培养用户的习惯。

拼多多把“做社交电商领导者”当作企业的口号，在具体运营过程中采用“爆款+低价”的商业模式，一方面利用免佣金来吸引大量商家入驻，另一方面通过微信巨大流量，利用社交裂变的方式不断扩大用户规模。

正所谓“流量在哪里，生意就在哪里”，在互联网快速发展的今天，拼多多借助“拼团+低价+社交”的组合，已经成为最大的电商平台之一。虽然饱受争议，但却始终在“团购”这条路上深耕，扩展出一整个“获客留存—变现—自传播”的用户自增长模式。

拼多多的裂变模式是一种基于社交网络的营销策略，通过用户之间的分享和邀请，实现用户数量的快速增长和销售额的提升。具体来说，拼多多的裂变模式包括以下几个方面。

1. 社交分享

拼多多鼓励用户在社交媒体上分享自己购买的商品或优惠信息，吸引更多的用户加入拼团或购买商品。

2. 邀请好友

拼多多通过邀请好友的方式，让用户获得更多的优惠和奖励，同时也促进了用户之间的互动和分享。

3. 拼团活动

拼多多的拼团活动是裂变模式的核心，用户可以邀请好友一起拼团，享受更多的优惠和折扣，同时也增加了用户的参与度和忠诚度。

4. 限时抢购

拼多多的限时抢购活动也是裂变模式的一部分，通过限时抢购的方式，吸引更多的用户参与，同时也促进了用户之间的分享和邀请。

总的来说，拼多多的裂变模式是一种基于社交网络的营销策略，通过用户之间的分享和邀请，实现用户数量的快速增长和销售额的提升。

拼多多的裂变非常广泛，仅仅凭一个“助力砍价”模块，就在最活跃的微信、QQ 等社交平台上，搜索到成百上千个群，这些群基本都能保持上千的消费日活跃。砍价免费拿、团长免费拿、助力享免单、现金签到或分享领红包等主要的形式，围绕着爆品单品和社交裂变展开。在流量裂变的策划营销上，拼多多是非常成功的案例。

IP联名裂变：必胜客与《原神》联动

营销裂变离不开优质 IP，近几年 IP 与品牌联动已成为常态，往往能收到非常好的营销效果。必胜客两次联手《原神》不但引发了全国排队潮，同时直接上了热搜，品牌联动大热 IP 必然会带来跨界联名价值。

粉丝经济的兴起，IP 自带流量，各品牌热衷于 IP 联名互动，不但具有社交属性，还能因此带来巨大的流量裂变。联名的噱头是“必胜客原神联动二期”，必胜邀约寻珍之旅。联名产品：三个套餐为主，含实物周边款及不含实物周边款。周边产品：限量款式随机周边，包括金属书签、手账本、比萨盒、主题海报、磨砂杯、贴纸等。活动采用的是预售形式。

除了联动套餐外，必胜客与“原神”还带来了更加丰富的现场活动，包括官方制作的联动款表情包、官方开启同人制作大赛等。

粉丝纷纷打卡并发出“我最爱吃的餐厅和我最爱玩的游戏联名，太新奇太有趣了”的感叹。现场有“一日店长”邀请Coser和玩家进行小游戏互动，然后是主题餐厅打卡，并在商场区域进行走秀、拍照。传承人讲解皮影文化知识，Coser和玩家以及小红书达人体验“原神”角色凝光、夜兰Q版皮影表演操作不仅体验了游戏的乐趣，还了解到了皮影文化的知识。

跨界联名的营销逻辑，首先锁定目标人群。动漫《原神》在国内已是千万级的玩家规模，作为中国本土IP，具有一大批Z世代的年轻受众，这与必胜客想要吸引年轻消费群体的营销目的一致，激活了年轻消费市场。这样的联名吸引了相同爱好的同批粉丝，在周边产品上设置了限量抢法，具有较强的社交传播价值，带来潜在粉丝的裂变。同时以此来加强必胜客的品牌效应，借助年轻人喜欢的方式来传播和推广中国传统文化，加速了必胜客品牌年轻化的进程，拉取年轻群体对品牌的好感度。其次，在小红书平台引发自发性打卡和种草，持续拉高营销传播热度。这样的活动案例是品牌拓宽圈层影响力的尝试，对外输出对该圈层文化乃至中国文化的认可，必胜客获取了较大的曝光量，是一次非常成功的尝试。品牌和消费者实现互动也是为了品牌服务，所以必胜客联合大热IP，提升了追求时尚、有态度、有趣的那一群人。

在粉丝经济的今天，不仅是明星可以拥有粉丝，品牌也可以拥有粉丝，当与优质 IP 合作后，人们会围绕品牌进行话题讨论，抓住时机将合作 IP 的粉丝转化为品牌的粉丝，对提升品牌价值大有好处。餐饮行业、酒水行业与娱乐 IP、事件营销以及文化 IP 联动并非首例，不少品牌已经发现，年轻消费一代已成为品牌追逐的重点，塑造更为年轻有趣的形象，是品牌深入年轻人市场而迈出的重要一步。在互联网传播成为大趋势的今天，传统品牌应当利用好机会进行营销，结合 IP 制造内容形成销售闭环。

妙可蓝多：中国奶酪的破局者

提到奶酪品牌，妙可蓝多可以说是后起之秀，不到 4 年的时间，成功打破了外资的垄断，成了中国奶酪行业的市场占有率的第一。让自己的市场占有率有了将近 10 倍的增长。凭借爆款奶酪棒单品，妙可蓝多打破了中国奶酪市场多年由外企主导的市场格局。首先，妙可蓝多赛道的选择非常值得学习。当初妙可蓝多进到奶酪领域的时候，是一个几十亿规模的小赛道，但后续已经变成了千亿规模的大赛道了。在西方，奶酪是家庭必备的食材，而在我国，我们对奶酪的接受程度普遍较低，所以奶酪在我国的市场属于空白。

其次就是小切口。当你要进入一个新品类的时候，切口是非常关键的。新品类教育消费者的成本会比较高，妙可蓝多非常聪明地把切口定在了“儿童健康零食”这个领域。并打出了宣传语是“10 公斤的牛奶等于 1 公斤的奶酪棒”，一下子就打消了妈妈们给孩子买零食怕不健康的顾虑。

前期瞄准儿童群体，针对这部分人群及家长，告诉他们奶酪就是妙可蓝多，而不是“儿童奶酪就选妙可蓝多”，并没有把品牌锁死在儿童群体上，但家长及儿童看到这个广告后，依然会认为“儿童奶酪就选妙可蓝多”，就是因为这个广告的内容及产品的包装都是儿童风格。

最后，品牌和渠道的配合，是线上和线下的配合。妙可蓝多采用的策略是高饱和的攻击法，它的两个核心渠道一是分众，二是央视，集中在这两大领域投放广告。采用儿歌《两只老虎》改编的广告开始在电梯媒体刷屏，高频触达潜在高势能消费群体。同时，选择了“国民妈妈”孙俪作为品牌代言人，让消费者更信任，并联合 IP“汪汪队立大功”，收获儿童群体流量经销商管理。妙可蓝多的线下渠道部署能力非常出众，基本覆盖了 96% 以上的地级市，85% 以上的县级市。由于奶酪属于冷藏食品，所以线上只有 15% 的贡献，线下才是妙可蓝多的主战场。一、二线城市和三、四线城市的渠道是平分秋色，妙可蓝多做到了新消费品的渠道下沉。

所以，妙可蓝多之所以成功，主要是因为有以下几个原因：

1. 独特的产品定位

妙可蓝多的产品定位是“儿童健康零食”，既满足了消费者对于健康饮食的需求，又满足了消费者对于奶酪的喜爱，这种独特的产品定位吸引了大量消费者。

2. 优质的产品质量

妙可蓝多的产品采用优质的原材料，制作工艺精湛，口感好，受到了消费者的好评。

3. 强大的品牌营销

妙可蓝多在品牌营销方面做得非常出色，通过各种渠道进行宣传推广，包括社交媒体、电视广告、线下活动等，提高了品牌知名度和美誉度。

综上所述，妙可蓝多之所以成功，是因为其独特的产品定位、优质的产品质量、强大的品牌营销。

趣头条：一边送福利一边赚钱

趣头条的迅速崛起也同样得益于裂变营销，同样采用多样的福利来诱导关注，从而获得品牌曝光度和用户。作为一个内容平台，趣头条送福利主要通过阅读赚钱和收徒机制来进行。

1. 阅读赚钱

用户可以通过阅读新闻、观看视频等方式获得金币，金币可以兑换成现金或者提现到支付宝账户。每天的阅读任务有一定的限制，完成任务后可以获得相应的金币奖励。金币可以按照一定的比率兑换成人民币，这对于用户来说是门槛非常低的一种赚钱方式了，而除了阅读外，用户每日签到、做任务、开宝箱等，都可以获得金币。

2. 收徒机制

趣头条还提供了收徒机制，用户可以通过邀请好友来注册趣头条并完成任务，邀请人可以获得一定的金币奖励。同时，被邀请人也可以获得额外的金币奖励。其实，本质上就是邀请好友得福利的一种形式，在内容上用户可以向好友分享二维码、邀请码，邀请其注册趣头条，注册成功后用户就能够获得金币奖励，而同时“徒弟”在进行有效阅读获得金币时，作为“师父”也可以得到一部分的“金币”进贡；而如果“徒弟”也进行了收徒，那作为“师父”也有了“徒孙”，在这一过程中，“师父”也同样可以获得金币奖励。例如，如果你的好友通过你分享的二维码或者邀请码注册了趣头条，你就能够得到一定的现金奖励，并且你好友的有效阅读都会转换成一定的金币“进贡”给你。有效阅读转换成进贡的金币高于有效阅读为阅读者本人带来的金币，比如说，你的好友利用阅读收益了 10 个金币，那么你有可能拿到 20 个金币。如果你的这位好友也收徒，那么收的这些徒弟就是你的“徒孙”。收徒孙时，你同样可以获得一定的现金奖励；当徒孙的阅读达到一定的额度，你也可以获得金币。

趣头条的分享方法具体如下。

1. 邀请

通过链接邀请，如果是 QQ 拉新还可以抽奖；面对面扫码邀请可以抽 20、50、200 不等的金币和其他实物产品。比如视频会员、Q 币、话费等福利券，收到福利券的人登录趣头条，就可以获得两张福利券。如果你的徒弟没有登录，你发链接邀请以后他重新登录，你可以拿到 1000 金币唤醒奖。趣头条的金币都能换成人民币进行提现。

2. 奖励

如果你每日在趣头条登录、签到、完成任务和开宝箱，分享等，都可以获取金币。在文案方面，趣头条也非常有特色，给用户明确的分享任务，邀请两位各奖 10 元，明确的任务量，有一种打怪的快感，可以加速分享和裂变的速度。

3. 调动用户

新人注册可以领取至少一元的新人红包，领红包设置了一系列的操作步骤：新人红包—下载 App—点击领取红包—登录—再点击领取红包—跳转到“我的”页面，跳出一个“新人福利”的页面—点击领取跳转到邀请好友页面—页面有宝箱可点击，获得金币。趣头条用一个一元钱的红包，不仅实现了获客，还通过一系列领取福利的诱导，将用户带入自己的金币系统和邀请系统中，而后者正是趣头条玩法的核心。

4. 用户留存

首先用金币奖励能够起到对用户的监督和激励；其次，用户自己对“金币系统”的深度卷入。当用户有了徒弟、徒弟再带徒弟，这种“规模化”的赚钱方式，越是深度卷入，所获得的收益越多，驱使用户欲罢不能。金币系统将平台的利益和用户的利益绑在一起。用户的使用时长越长，一定金币兑换的人民币越多。这种连带效应也会激励用户更长时间地使用产品。

趣头条通过现金激励可以实现低成本引流，在公司快速孵化出基础流量池后，借此搭建有效的“增长 + 运营 + 商业化”模型，进而能够推出更多垂直类 App 进行领域拓展。